新人から主任ケアマネまで

援助力を高める事例検討会

一般社団法人日本ケアマネジメント学会認定ケアマネジャーの会 監修　白木裕子 編集

中央法規

推薦のことば

『援助力を高める事例検討会——新人から主任ケアマネまで』が一般社団法人日本ケアマネジメント学会認定ケアマネジャーの会監修、白木裕子さんの編集で、刊行されることから、校正刷りの段階で読ませていただいた。

事例検討会は、提出された事例に対して、参加者でさらにアセスメントを深めることで、適切な支援内容を検討していくことであり、結果的に、利用者に適切な支援を行っていくことであるとこれまで思ってきた。校正刷りを読んで、そのためには、事例提供者にも事例検討をファシリテートする人にも、検討会に参加する人にも、持っておかなければいけない態度やそれを裏付ける能力が必要であり、それを具体的に提示したのが本書であることがわかった。さすが、事例検討会を積み重ねるなかで引き出された内容であり、具体的で、かつ実践的な事例検討会の方法を示している。

その意味では、事例検討会の重要性がよくわかる著書であり、利用者を中心において事例を検討するなかで、自らの担当事例だけでなく、他の人の事例からも多くを学び、それを肥やしにして、利用者を援助していく力を蓄えていくことを意図している。

ケアマネジャーは事例検討会に自らの事例を提供することを拒否したい気持ちが強い。これは、誰か自分の支援方法について批判しないだろうか、どのように報告すればよいのか、どのように事例を提供すればよいのか、といった不安があるからである。本書はそのような不安を解消し、自信を持って事例を提供し報告することを可能にしてくれる。それは、事例検討会の目的や方法を具体的に示してくれているからである。

一方、事例提供者だけでなく、事例検討会に参加するメンバーも、どのような態度や発言で臨むべきかで悩むことが多い。それについても、本書は的確な答えを教えてくれている。同時に、ファシリテーターに対しても、どのような目的や方法で事例検討会を進めていくのかを教えてくれている。

本書から、現在実施されている地域ケア個別会議の支援困難事例の検討会についても、あるべき方法が浮き彫りになってくる。一般に、支援困難事例は、利用者側の特性、支援者側の能力、地域社会の社会資源の欠如や不十分の3つの要素が関連して生じている。事例検討会では、利用者を中心にして、深くア

セスメントすることで、こうした要素についての具体的な解決方法を見いだしていくことになるが、本書は地域ケア個別会議において本来検討すべきことについての具体的な方法のヒントを与えてくれている。

　さらには、ケアマネジャーは、地域包括支援センターから事例の提供を求められた場合には協力しなければならない努力義務が、介護保険法第115条の48に規定されており、様々な場面で常時事例検討会が行われる時代を迎えている。そのためには、本書をもとに、事例検討会を、利用者だけでなく、参加しているケアマネジャーにも有意義なものにしていただくことを願っている。

2018年10月

桜美林大学大学院　老年学研究科　教授　白澤政和
（一般社団法人日本ケアマネジメント学会理事長）

はじめに

　このたび、認定ケアマネジャーが中心となって実践者の立場から事例検討会の意義やあり方、参加にあたっての心構えや留意点等を具体的にわかりやすくまとめた書籍を刊行いたしました。

　私たちケアマネジャーのしごとは、他の専門職との連携や協力を必要としながらも、ケアマネジメントに関する業務の大半は一人で行うこととなるため、担当した支援の評価に関しては、利用者や家族の満足度のみが主な指標となってしまうことが多くみられます。このため、これでよかったのか、他にもっと適切な方法はなかったのかなど、不安や迷いを感じたとしても事業所内でスーパービジョンを受ける機会がなければ、有効な助言等を得ながら適切に見直しを行っていくことは難しいといえます。

　また、ケアマネジャーは恣意的に利用者を選ぶことができないため、熟練度にかかわらず、重度の認知症やターミナルケアなどを含め、あらゆるケースに対応していくことが求められます。そのようななか、新規のケースを担当する際は、課題の内容と自分の力量を照らし合わせて、本当に自分が担当できるのだろうかなどと不安に感じることも少なくないと思います。

　事例検討会は、支援のあり方や過程、その結果など、一連のケアマネジメントに関する業務の内容を振り返って評価する有効な手段です。同時に自分が経験したことがないケースを追体験することで基本的な対応の視点や支援方法等を事前学習することができます。また、事例を丁寧にひもとくことで、生活の細部に宿るその人の強さの見つけ方など、これまで見えなかった多くのものへの視点の当て方に気づくことができるのです。

　現在、事例検討の手法は、実務研修や専門研修、主任研修などの法定研修のカリキュラムに位置づけられるとともに地域ケア会議や個別の事業所等においても活発に展開されており、単に参加するだけでなく事例提供者や司会者（ファシリテーター）の役割を担う機会も多くなることが見込まれます。

　本書は、経験の浅いケアマネジャーや中堅のケアマネジャーが事業所や地域の事例検討会に参加する際の役割や心構え等に加え、自分の事例を提供するにあたっての留意点や事例検討会における役割等を具体的に表記しており、わかりやすい内容になっていると思います。さらに、熟練の主任ケアマネジャーが

事業所内や地域において事例検討会を企画・実施する際の留意点やファシリテーターやスーパーバイザーとしての実務の展開方法等についても詳しく解説しています。

　事例検討会は、ケアマネジャーそれぞれの熟練度を超えて協力し合って力量形成を図ることができる手法であり、今後もその効果が大きく期待されています。

　本書が、これからのケアマネジャーの質の向上の一助になることを祈念するとともに、日ごろよりご指導をいただいています日本ケアマネジメント学会の先生方に厚くお礼申し上げます。

2018年10月

一般社団法人日本ケアマネジメント学会
認定ケアマネジャーの会
顧問　白木裕子

推薦のことば

はじめに

第1章 「実況」事例検討会

1 事例提供者のプレゼンテーション　2
2 質疑応答による事例の理解　8
3 「手立て」を考える　24

第2章 なんのために事例検討を行うのか

1 「事例検討会」とはなんだろう　38
2 どのように役立つのだろう　44
3 事例検討会のカタチを眺めてみよう　49
4 実りある事例検討会にするためのルール　54

第3章 事例検討シートの書き方

1 どんな事例を提供したらよいか　60
2 事例タイトルと事例提出理由の考え方、書き方　64
3 基本情報の考え方、書き方　69
4 事例検討シートに記入する　72

第4章 事例検討会をはじめよう!

1 実施場面における事例検討会の特徴　92
2 一つの事業所で実施する事例検討会——準備〜進め方　95
3 地域包括支援センターが実施する事例検討会——準備〜進め方　101
4 他事業者と共同して事例検討会を実施する場合　114

第5章 事例理解のポイント

1 事例理解が進むわけ　118
2 広く情報を収集する——事例の全体像把握　123
3 情報をつなぐ(情報の整理・統合)　135
4 事例を読み解く——アセスメント(課題の明確化)　139

第6章 「手立て」を考える

1 「手立て」に進むにあたり考えておきたいこと　144
2 出し合って、選ぶ「支援目標の設定」　150
3 ビジュアルに、具体的に「支援計画の策定」　153
4 実践力向上のために欠かせない「感想(評価)」　157

第7章 現在進行形の事例検討会

1 有効な「手立て」のための「見立て」　160
2 「見立て」から「手立て」につなぐためのアセスメント　181
3 「手立て」のアイデアから「できること」を選び取る　185

巻末資料　193

第1章 「実況」事例検討会

1 事例提供者のプレゼンテーション
2 質疑応答による事例の理解
3 「手立て」を考える

1 事例提供者のプレゼンテーション

　事例検討会は、利用者をより深く理解する、よりよい援助の方法を検討する、援助スキルを上げるといった目的で開かれます。詳しい実践法については後ほど説明していくこととして、まずは、事例検討会を体験してみましょう。「実況形式」で紹介します。参加者の気持ちになって事例検討会の雰囲気を味わってください。

1 何を検討するのか

　某月某日、事例検討会が開かれた。地域包括支援センターや居宅介護支援事業所のケアマネジャーが集まって定期的に開かれている検討会だ。この日の参加者は12名。認定ケアマネジャーが司会者を務め、居宅介護支援事業所のケアマネジャーが事例を提供した。
　顔馴染みのメンバーのため、事例提供者の自己紹介を省き事例の紹介が始まる。所要時間は2時間の予定だ。事例タイトルは、次の通り。さあ、どんな事例に出会えるのだろう。

> **事例タイトル**
> 認知症がある利用者の意思をどこまで尊重するか。

　まずは、事例をざっくりとつかむために、事例提供者から説明してもらう。事例提供者は、ケアマネジャー歴3年の男性だ。基礎資格は介護福祉士。社会福祉法人の特別養護老人ホームや通所介護（デイサービス）のケアスタッフの経験がある。司会者が質問をする。なお、事例提供者は、鈴木さん（仮名）としておく。

司会者　どのような事例ですか？
事例提供者（以下、提供者）　利用者が亡くなって半年ほど経つ振り返りの事例です。入院していた利用者が「家に帰りたい」と言ったのに、それを叶えることができませんでした。

事例検討会では、現在進行形の事例が提供されることが多い。だが、今回は、振り返りの事例だ。なぜ、事例提供者は振り返りの事例を選んだのだろう？

司会者　数ある事例のなかから、鈴木さんが、この事例を選んだ理由を聞かせてください。
提供者　いまだにこの事例が「もやもや」と自分の胸のなかに残っているからです。利用者には認知症があります。利用者の妻は要支援で老老介護です。利用者である夫は肺炎で入院。退院先について、夫は「家に帰りたい」、妻も「家に帰したい」と強く願っていました。一方、サービス担当者は、「在宅復帰は難しい」と言います。結局は、親戚もサービス担当者の声のほうに傾き、家に帰ることなく、急性期病院から療養病床のある病院へと転院し、3週間後に亡くなってしまいました。利用者本人の意思を尊重しなくてよかったのだろうかと振り返りたいと思い選びました。
司会者　サービス担当者とは、誰でしょう。
提供者　訪問看護師です。ヘルパーも同調しました。医療に弱い自分は、押し切られてしまったような感じで、老夫婦の願いを叶えることができなかったことを後悔しています。

　事例提供者は、「後悔している」という胸の内を明かしてくれた。そんな事例を提供してくれた勇気に敬意を表す事例検討会にしていきたいものだ。事例提出理由を事例提供者は次のようにまとめている。

> **事例提出理由**
> 利用者本人は「家に帰りたい」と訴えた。利用者の妻も「家に帰してほしい」と希望した。しかし、「退院後の在宅復帰は厳しい」と周囲は判断し、療養病床へ転院。3週間後に亡くなった。ケアマネジャーとしての自分の支援を振り返りたい。

　事例提供者から、事例提出理由が語られた。これを念頭に置きながら事例の検討が進められる。ただし、検討が進み利用者理解が深まると、提出理由が事例提供者自身により修正されることがある。それがまた、事例検討会の醍醐味だ。実況を続けよう。

2 利用者はどのような状況なのか

　今回の事例の対象は、認知症があるという男性利用者だ。妻は要支援で老老介護。利用者は、自宅への退院が叶わず転院先の病院で亡くなっている。現在のところ、わかっているのはそれだけ。事例提供者から利用者の基本情報を語ってもらうことにしよう。では、いつの時点での基本情報とするのか。現在進行形の事例では「今」。振り返りの事例では、検討の中心となる時点がよいだろう。今回の事例では、療養病床への転院が決まった時点の基本情報とした。

　事例提供者が説明した基本情報の主な項目は以下の通りだ。

利用者の基本情報

Ａさん（91歳・男性）。妻（81歳）との二人暮らし

要介護4

障害高齢者の日常生活自立度：Ｃ1

認知症高齢者の日常生活自立度：Ⅲｂ

経済状況：厚生年金（共済年金）

家屋状況：一戸建て

既往歴：心房細動、うっ血性心不全、大腿骨頸部骨折、心原性脳塞栓症、急性胆管炎

現病歴：肺炎、蜂窩織炎

生活歴：高校の校長で定年退職、柔道は紅白帯

支援の契機：地域包括支援センターから紹介

支援期間：10か月

家族状況：本人、妻ともに再婚。それぞれに実子がいる

入院直前の利用サービス：訪問看護（週1回）、訪問リハビリテーション（週1回）、訪問介護（週2回）、訪問入浴介護（週1回）、訪問診療（医療保険・介護保険の居宅療養管理指導料も算定・月1回）、福祉用具貸与（特殊寝台、車いす等）

　対象となる利用者の基本情報が説明され、利用者が置かれていた状況が少しだけ見え始めた。でも、利用者像や支援者との関係はまだ浮かび上がらない。検討に入る前に、事例提供者の話にもう少し耳を傾けることにしよう。

3 どのような経過をたどったのか

　　　支援期間は10か月。出会いから終了まで、どのような経過をたどったのだろうか。事例提供者が語る。

提供者　地域包括支援センターから紹介を受けて訪問しました。昨年の4月です。大腿骨頸部骨折で入院し1週間前に退院。要介護2の認定が出たということでの訪問です。地域包括支援センターの人が同行してくれる予定だったのですが急用ができ、自分一人での訪問となりました。それで、挨拶をした途端、「他人の世話にはならん。帰ってくれ」とにべもなく支援を断られました。奥さんは、「すみませんね。誇りが高い人なので」と謝りながら玄関まで送ってくれました。私は、「何かあったら遠慮なく連絡してくださいね」と言い添えてAさん宅を後にしました。

　それから、1か月が過ぎた頃、奥さんから電話が入りました。「ベッドからずり落ちて、私一人では持ち上げられない」。SOSコールでした。すぐに駆けつけ、Aさんをベッドに引き上げました。「こんなこともあるのでサービスを利用されたほうがよろしいのでは」などと奥さんと話していると、「用事が終わったのなら、さっさと帰りなさい」とAさんから言われました。そのようなことを何度か繰り返しました。

　最初の訪問から3か月が過ぎた頃、大学病院に緊急搬送されました。病名は、心原性脳塞栓症の脳梗塞。左半身麻痺の後遺症が残り、排泄、食事、着替えにおいて介助を必要とする寝たきり状態となり、自立度のランクはC1になりました。一方、認知症のランクはⅢbで、治療が落ち着くと大声を上げたり、暴れたり、幻覚が現れたりしました。大学病院側は環境の急激な変化が原因の一つだと考え、かつてAさんが入院したことがある総合病院への転院を勧めました。家族はその勧めを受け、緊急入院から3週間後に転院しました。しかし認知症の行動・心理症状（BPSD）は治まらず、Aさんが「家に帰りたい」と繰り返し叫ぶので、転院から3週間で自宅に戻りました。介護保険については、最初の大学病院で区分変更の申請を行い、総合病院に転院後に認定調査がありました。

　介護者である奥さんは、腰が曲がり、動くと息切れがあります。奥さんは、私の勧めを聞いてくれて自身の介護保険を申請、後日、要支援1の認定となりました。

　Aさんについては、区分変更申請の結果の通知が自宅に届き、要介護2から

要介護4となりました。サービスの利用に関しては依然拒否が続きましたが、介護者である奥さんのためにと説得し、福祉用具貸与の特殊寝台だけは何とか利用してもらえることになりました。

　退院から1か月ほど経った9月、発熱と腹痛で再び総合病院に緊急搬送されました。診断名は急性胆管炎でした。痛みが治まるとAさんは帰宅を強く希望、訪問診療と訪問看護を利用することを条件に退院できることになりました。それをきっかけに、退院後はサービスを受け入れてもらえるようになり、福祉用具貸与と訪問診療、訪問看護に加え、訪問リハ、訪問介護、訪問入浴の利用が始まりました。

　　最初の訪問から3か月間はサービスの利用はなし。本人との関係もあまりよくないという説明であった。それでも、入院をきっかけに、サービスの利用が始まった。事例提供者の説明は続く。

提供者　その後は、サービスを利用しながらの在宅生活が続き、秋が過ぎ、年を越した1月、肺炎を起こし、緊急入院したという知らせを受けました。さらに、蜂窩織炎という皮膚の感染症を発症。痰の吸引も必要になり入院が長引いてしまいました。

　Aさんは家に帰ることを望みました。奥さんも帰したいと考えました。病院の主治医が退院の許可を出したことを受け、カンファレンスが病院で開かれました。Aさんは参加せず、奥さんとAさんの甥が参加しました。

　私は、カンファレンスが病院側から在宅ケアチームへの絶好の申し送りの場になると思い、訪問看護、訪問介護、訪問リハ、訪問入浴、福祉用具貸与の担当者全員と在宅医にも声をかけました。このうち、訪問リハと訪問入浴の担当者は当日都合がつきませんでした。在宅医も出席できませんでしたが、事前に訪問し、病院での状況を報告すると、「何とかなるんじゃないですか」と言いました。

　ところがカンファレンスが開催されると、予想外のことが起こりました。訪問看護師が在宅での吸引が必要なら、自宅への退院は無理なのではないかと言い始めたのです。「訪問診療の先生は何とかなるんじゃないかとおっしゃいました」と私が報告しても、「誰が何とかするんですか！」と訪問看護師が声を強め、「吸引の度に駆けつけるわけにはいかない」と言います。訪問介護も「私たちの事業所のヘルパーは吸引ができません」と続きました。同席していたAさんの甥も「そのようなことなら、自宅への退院は諦めたほうがよいのでは……」と言い始め、あっという間に療養病床のある病院への転院が決まりました。そして、3週間後、転院先の病院で亡くなられたと伝え聞きました。

事例提供者からの説明が終わり、事例の輪郭がある程度見えてきた。病院で行われた退院に向けてのカンファレンスでの予想外の展開。この事例検討では、このカンファレンスが最大の焦点になりそうだ。ただ、カンファレンスに至るまでの前提として確認しておきたい事実関係がかなりありそうだ。事例検討会は、事例提供者からの説明を終え、参加者からの質疑応答へと段階を進めていくことになる。

事例検討会の冒頭に行う事例提供者のプレゼンテーション（説明）では、次の4要素を押さえておきたい。

事例提供者のプレゼンテーションで押さえておきたい4要素
① 事例提供者の…事例提供者の職種、ケアマネジャーの場合は基礎資格、職　横顔　　　　　場内でのポジション、職歴など。
② 事例提出理由…何を検討してもらいたいと思い、事例を提出したのか。
③ 基本情報………事例の対象である利用者はどのような状況にいる人か。
④ 支援概要………事例提供者と利用者の間に、どのような支援経過があったのか。

この4要素は、事例を知るための最初の手がかりとなるものだ。これらをもとに、利用者および問題状況を理解するための質疑応答を行っていく。

自宅への退院は叶わなかった…

2 質疑応答による事例の理解

1 不足している情報を補う

　事例検討会は次のステップ、すなわち、参加者と事例提供者の間で行われる質疑応答による情報収集へと駒を進める。

　質疑応答は、2段階で進める方法がお勧めだ。第1段階では、広く情報収集を行う。事例提供者の説明で不足していた情報を補っていくという感覚だ。その過程で、利用者および問題状況の理解に迫る鉱脈を見つけ、そこに質問を集中させながら深掘りを行う。これが第2段階。第1段階で広く集め、第2段階で深掘りする。では、質疑応答を始めよう。

司会者　AさんとAさんの置かれている状況を理解するために、なるべく広く情報を収集していきましょう。
参加者　Aさんと奥さんはどちらも再婚ということですが、再婚したのはいつですか？
提供者　聞いていません。
参加者　奥さんと前の夫とは、死別したのでしょうか、それとも離婚ですか？
提供者　すみません、聞いていません。
参加者　子どもたちはそれぞれ何人ですか？
提供者　それもわかりません。

　いきなり、「聞いていない」「わからない」の連発となった。事例検討会では時々出会う風景だ。この後、生まれ、生い立ち、学歴などに質問が及んだのだが、事例提供者は答えることができなかった。

　この事例検討会は定期的に開催されているもので、参加メンバーもほぼ固定されている。利用者や家族がどのように生きてきたのかという生活歴に関する質問が出ることは、この日の事例提供者も承知しているはずだ。それなのに、その部分のアセスメントはほぼ空白。そんな事例を検討会の場に持ち出した事例提供者の思いとは何なのか。スーパーバイザーを兼ねる司会者が発言する。

司会者 生活歴についてあまり情報がないようですね。何か事情があったのでしょうか？

提供者 Aさんとの関係は、初回訪問からあまり好転していません。初回は、「人の世話にはならん」と言われておしまい。ベッドからずり落ちたのを助けた後も「用事が終わったのなら、さっさと帰りなさい」と言われ続けました。入院後は認知症と判定されたことも加わり、Aさんとはゆっくり話すことはできませんでした。

司会者 このあたりは、振り返りのポイントになるかもしれませんね。質問を続けましょう。

　利用者と事例提供者の関係については、深く掘り下げたいところだが、最初は広い範囲で情報収集を行うため、司会者は関連質問に区切りをつけた。

参加者 基本情報には、「高校の校長で定年退職、柔道は紅白帯」とあります。これらについては、どこで情報を得たのでしょうか？

提供者 校長先生だった件は、地域包括支援センターから聞きました。柔道については、ADL（日常生活動作）などのアセスメントの際に「ご立派な体格ですね」と申し上げたら、奥さんが「主人は柔道の紅白帯なんですよ」と自慢げにおっしゃいました。

参加者 紅白帯というのは、どのようなものですか？　柔道は白帯、黒帯しか知らないもので……。

提供者 自慢げにおっしゃるわけですから、高段位だとは思うのですが、それ以上はわかりません。

司会者 どなたか、柔道の紅白帯を説明できる方はいますか？

　司会者は会場から説明できる人を探す。この場合は、柔道についてだが、医療的な知識を看護師等の医療職に、障害者制度を社会福祉士に説明してもらうなど、参加者が持っているさまざまな知識を寄せ合うことができるのも事例検討会のメリットの一つだ。参加者の一人が説明を始めた。

参加者 父が柔道をしていたので、少しだけ知っています。柔道は、有段者になると黒帯になるのはご存じでしょうが、実は黒帯の上に紅白帯や紅帯があります。紅白帯は六段〜八段、紅帯はその上です。紅白帯以上は、東京の講道館でしか取れないようで、かなり名誉な帯のようです。ただ、六段以上でも、通常の試合や練習のときは、黒帯を締めることが多いと聞きました。

司会者 ありがとうございました。黒帯よりも上の名誉な帯だったんですね。

提供者　そうですか。知っていたら、もう少し違った対応が……。
司会者　違った対応といいますと、どのような対応ですか？
提供者　「すごいですね」とか称賛の言葉をかけたと思います。
司会者　そうですね。人には、他人に自分の存在を認められることを求める「承認欲求」があるものです。利用者の「自慢」は、自分がこの世に生きた証ともいえるのかもしれませんね。

　事例を振り返る過程で、事例提供者の「気づき」が起こる。スーパーバイザーを兼ねている司会者のスーパービジョンが的確にヒットする。

参加者　高校の校長先生も名誉ある地位であり、自慢の種だったのかもしれません。
提供者　そうですね。
司会者　Ａさんは91歳なので、高等師範学校のご出身でしょうか。そのあたりのことを関心を持って伺ってみると、饒舌に反応してくれるかもしれません。
提供者　話の糸口はいろいろなところにあるのですね。
司会者　話の糸口や相手を称賛できる引き出しを自分のなかにたくさん持っていれば、援助関係の形成にもつながります。ほかの質問に移りましょう。

　司会者は、事例提供者が気づいたことを十分に感じ、ここでは深追いせずに話題の転換を図った。事例検討会は、事例提供者の「失敗」や「至らなさ」を追及する場ではない。

参加者　地域包括支援センターから紹介を受けたとき、どのようにＡさんを紹介されましたか？
提供者　「拒否が強い人」と紹介されました。
参加者　会ってみて印象はどうでしたか？
提供者　その通りだと思いました。
参加者　どうして、その通りだと思ったのでしょうか？
提供者　とても不機嫌な様子で口数も少なく、口から出た言葉といえば、「他人の世話にはならん。帰ってくれ」でしたから。
参加者　Ａさんの甥御さんのほか、つながりのある親戚は知っていますか？
提供者　甥御さん以外はわかりません。
参加者　甥御さんは、おいくつですか？
提供者　60歳は過ぎていると思います。
参加者　働いていらっしゃるのですか？

提供者 確かめていませんが、おそらくそうだと思います。
司会者 なぜ、そう思ったのですか？
提供者 会ったのは2回ですが、どちらもスーツ姿でビジネス用の鞄を持っていたので……。
参加者 1回はカンファレンスですね。もう1回は自宅で会ったのですか？
提供者 いえ、やはり病院で、Aさんが急性胆管炎で入院しているときに病室で会い、挨拶をしました。奥さんの話では、入退院の手続きをしたり、主治医から病状の説明を受けたりしているようです。
参加者 奥さんは、手続きなどに支障がありそうですか？
提供者 いえ、80歳を超えているとは思えないほどに、しゃきしゃきとした印象です。
参加者 入退院の手続きを奥さんはできると思いますか？
提供者 はい。できると思います。
参加者 主治医からの説明も十分に理解できそうですか？
提供者 はい。
参加者 でも、病院の手続きや主治医からの説明を受けることは、甥御さんがやっていたわけですね。
提供者 主治医からの説明には同席されていたようですが、「若い人がいると、病院も安心できるみたいだからね」とおっしゃったことがあります。
司会者 どのような理由で今の一連の質問をしたのでしょうか？

　司会者は、参加者に質問の意図を尋ねた。事例を解く鍵になりそうな質問について、司会者がこのように介入することがある。

参加者 「家に帰したい」と言っていた奥さんの力を知りたいと思いました。
司会者 とても大事な着眼点だと思います。カンファレンスのことは、後ほど詳しく見ていくこととして、そのほかの質問はありますか？
参加者 自宅は持ち家ですか？ また、築年数はどれくらいでしょう？
提供者 はい。持ち家で、築30〜40年程度だと思います。
参加者 間取りを教えてください。
提供者 2階建てです。2階は今、使っていないようです。1階は4〜5部屋あり、Aさんは寝室で特殊寝台を入れて寝ていました。奥さんも同じ部屋で寝ています。
参加者 奥さんはベッドですか？
提供者 特殊寝台がスペースをとるので、折りたたみ式のベッドで寝ています。

参加者 特殊寝台を入れる前は、Aさんは、どのようなベッドで寝ていたのでしょうか？ ベッドからずり落ちて、呼び出された頃のベッドです。
提供者 ツインベッドです。昼間は使っていない奥さんのベッドには、ホテルのベッドのように、ベッドカバーがきっちりとかけてありました。
参加者 そのツインベッドは、どうしたのでしょう？
提供者 処分したのだと思います。特殊寝台を入れるときに私も訪問したのですが、すでにツインベッドはなくなっていました。
参加者 奥さんは、そのような手配もテキパキとできるんですね。
提供者 本当にそうですね。
参加者 疾患についての質問です。既往歴に、心房細動とうっ血性心不全が挙げられています。いつ頃、診断されたのでしょうか？
提供者 5年ほど前だと聞いています。
参加者 どちらが5年ほど前なのでしょう？
提供者 どちらもです。
参加者 予防はしていたのでしょうか？
提供者 何の予防ですか？
参加者 心原性脳塞栓症（しんげんせいのうそくせんしょう）の予防です。
提供者 聞いていません。
司会者 事例提供者の鈴木さん。今の質問の意図はわかりますか？
提供者 心原性脳塞栓症の予防のことですか？
司会者 はい。それも含めて、心房細動、うっ血性心不全、心原性脳塞栓症の関係です。
提供者 よく、わかりません。

　事例提供者は、「わかりません」と正直に答えた。参加者からの質問は、ある程度の医療知識をベースにしたものであり、事例提供者ばかりではなく、質問に込められた意味を理解するのが難しい参加者がいることも考えられる。司会者はこの件に関しては医療知識の共有が必要だと考え、適任者を指名した。

司会者 ここで、心房細動、うっ血性心不全、心原性脳塞栓症の関係を説明してもらうことにしましょう。佐藤さん（仮名）、お願いします。

　指名された佐藤さんは、ケアマネジャーと訪問看護師を兼任している。

参加者（佐藤さん） 簡単に説明します。疾患の重さや進み方は個人差が大きいので、一般論として話します。

心房細動は不整脈の一つで、治療をしないで放置すると、うっ血性心不全になることがあります。うっ血性心不全は、心臓のポンプ機能が悪くなり、全身に新しい血液を十分に送り出すことができず、臓器や組織に血液が滞るうっ血が起こる状態です。むくみが出たり、息苦しくなったりするほか、心房細動を悪化させるという悪循環にも陥ります。

　心房細動は油断できず、重篤な脳梗塞を引き起こすおそれが高い疾患です。心房細動により、心臓内部に血栓、つまり血液の塊が育ちます。この塊が脳に運ばれ、脳の太い血管を詰まらせてしまうのです。これが心原性脳塞栓症で、原因のほとんどが心房細動です。また、心不全がある場合は、発症の確率はさらに高くなります。

　心房細動と診断されたら、心原性脳塞栓症の予防は必須です。また、心原性脳塞栓症は再発率も高く、初発および再発予防のために、血液が固まらないようにする抗凝固薬の服用などの医療的管理が必要です。

司会者　Aさんの既往歴に挙げられている心房細動とうっ血性心不全は、心原性脳塞栓症と極めて密接な関係にあり、脳塞栓症の予防が重要であるわけで、先ほどの疾患についての質問は、Aさんは医療的管理のもとに予防を行っていたのかということですね？

参加者（先ほどの質問者）　はい、そうです。心原性脳塞栓症は発症すれば重症になりやすい脳梗塞で、しかも、再発しやすく、予防が大切だといわれます。Aさんは、その点で、高リスクな患者であったわけで、そのあたりを聞きたかったのです。

提供者　質問の意図がわかりました。その面からいえば、心原性脳塞栓症の最初の発症前の予防についてはわかりませんが、発症後は、ワーファリンが処方されていました。

司会者　ワーファリンは商品名で、一般名はワルファリンカリウムといいます。ここでは、一般名の略称である「ワルファリン」と呼ぶことにします。ワルファリンは古くからある抗凝固薬で、心原性脳塞栓症の予防に高い効果を発揮する薬です。ただし、服薬管理にとても多くの注意が必要です。佐藤さん、少し説明してもらえますか？

参加者（佐藤さん）　ワルファリンは、その効き方を血液検査によって監視しながら、投薬を進めていきます。その際に使われるのが、PT-INRの値で、INRといったりもします。PTとは、プロトロンビン時間のことで、血液が固まるまでの時間です。INRとは国際標準比。つまり、PT-INRとは、血液が固まるまでの標準的な数値ということができます。これを通院の度に定期的に行う検査でモニタリングしながら、投与量を増減していきます。なぜ、そのようにするかというと、血液が固まるまでの時間が短すぎれば血栓ができやすくな

り、時間が長すぎれば、今度は出血のリスクが高まります。脳梗塞を防ごうとして、脳内出血を起こしてしまうという本末転倒ともいえる事態が起こることがあります。その他にも、けがをしないことや、薬の飲み合わせや食事の食べ合わせなどにも注意が必要な薬です。

提供者 そうか。服薬管理がとても難しい薬なんですね。それでだと思います。急性胆管炎で入院したときに、訪問診療と訪問看護の利用が退院の条件とされましたが、実は、ワルファリンの服薬管理ができていなかったのが、主な理由でした。

引き続き、心原性脳塞栓症（しんげんせいのうそくせんしょう）の再発に至る過程、脳梗塞後遺症の程度などに話が及んだ。このように事例を検討しながら、薬物療法などの医療的な知識を増やしていくことができるのも、事例検討会の大きな特徴だ。この後、医療的な病状コントロールの状況のほか、介護保険内外のサービスの利用状況、生活環境、暮らし方、家族関係、経済状況など、なるべく広い視点からアセスメント情報の収集が続いた。そうすることで、利用者理解に必要な情報の漏れを少なくすることができるのだ。ここでは、質疑応答の詳細を省略するが、人と人との関係性を中心に、利用者理解に関係がありそうな情報を以下にピックアップしておこう。

質疑応答で明らかになった対人関係のアセスメント情報

・近隣との関係は薄い。特にAさんが要介護状態になってからは、ほとんど付き合いはないらしい。Aさんが「みっともないから」と言って妻が近隣とかかわるのを好まないのがその理由。
・同様に、訪れた民生委員に玄関先で引きとってもらったことがあるという。これについては、地域包括支援センターからの情報。
・夫妻それぞれの子どもとは没交渉。「どちらも寄りつかない」と妻は言う。
・在宅サービスのスタッフとの関係では、訪問看護との関係に問題がある。妻が「訪問看護の利用をやめたい」と言い出した。理由を聞けば「担当の看護師の感じがよくない」ということだった。事例提供者は訪問看護ステーションの管理者に頭を下げ、担当を変えてもらった。

一般社団法人日本ケアマネジメント学会認定ケアマネジャーの会では、事例検討会で明らかになっていく情報をホワイトボードや模造紙などに書き込んでいくことを勧めている。これは、参加者全員が情報を視覚的に共有できるという点でとても効果的な方法であり、参加者は、「これまでにわかったこと」を

ホワイトボードなどで確認しながら、検討会を進めることができるのだ（P.99「ファシリテーション・グラフィックの活用」）。

さて、質疑応答による情報収集は、「広く」から「深く」へと進む。

2 事例を深める前に簡単に整理する

「広く」から「深く」への切り替えのタイミングで、司会者はホワイトボードに記入された事柄を振り返りながら今までにわかった情報を整理した。そのなかで、参加者は、事例をさらに知るには、何を掘り下げていけばよいのかを考えていく。

司会者 ではここで、これまでにわかったことを簡単に整理してみることにします。

利用者のAさんは、91歳の男性です。10歳年下の妻と二人で暮らしています。高校は校長で定年を迎えました。生活歴の情報はほとんどありませんが、柔道の高段者で、妻が自慢そうに話したそうです。二人は再婚です。ともに子どもはあるものの、行き来はないようです。親戚とのつながりでわかっているのは、Aさんの甥だけです。近隣などとの付き合いも薄く、Aさんが要介護状態になってからはそれが顕著です。

事例提供者の鈴木さんは、地域包括支援センターからの紹介でかかわり始めました。支援センターからは「拒否が強い人」との事前情報があったそうです。初回訪問では、「他人の世話にはならん。帰ってくれ」と追い返され、紹介の際に言われた通りだと思ったそうです。介護保険サービスの利用には至らなかったのですが、初回訪問の後、ベッドからずり落ちて、助けを求める電話が奥さんからあり、その度に事例提供者は訪問しました。

最初の訪問から3か月後、心原性脳塞栓症で緊急搬送されました。馴染みのない病院への入院であったからでしょうか、大声を上げたり、暴れたりしたため、以前に入院したことがある病院に転院します。ところが、その病院でもBPSDと思われる症状が治まらないため自宅に帰ります。この時点で、奥さんの介護負担軽減のためにベッドの福祉用具貸与が始まります。

退院から1か月後、急性胆管炎で入院。痛みが治まると退院を強く希望、心原性脳塞栓症の再発予防のために、訪問診療と訪問看護を利用することを条件に退院ができることになり、ほかのサービスの利用も始まりました。サービスのうち、奥さんが訪問看護師を「感じがよくない」と非難し、担当者が交替することになりました。

そのような生活が4か月程度続き、今度は肺炎を起こして入院します。入院後に皮膚の感染症を発症したり、痰の吸引が必要になったりなどして、入院が長びいてしまいます。とはいうものの、Aさんの「自宅に帰りたい」という気持ちは強く、また、奥さんも「帰してほしい」と訴え、退院に向けたカンファレンスが開かれます。

ところがこのカンファレンスが思わぬ方向で決着し、Aさんと奥さんの意思とは異なる療養病床への転院となり、転院から3週間後にAさんが亡くなりました。このような経緯でよろしいですか？

提供者 はい。

司会者は、事例提供者に事実関係について確認を行い、さらに次のように問いかけた。

司会者 このような経緯のなか、鈴木さんは、Aさんと奥さんの退院の希望を叶えることができなかったことに後悔の念を感じ、「ケアマネジャーとしての自分の支援を振り返りたい」と事例を提出しました。ただし、Aさんは「認知症」ということもあり、「認知症がある利用者の意思をどこまで尊重するか」を事例のタイトルに選びました。この段階で、「事例タイトル」と「事例提出理由」に変更はありませんか？

提供者 う〜ん（少し考えて）。変更はありません。よろしくお願いします。

司会者は、事例タイトルと事例提出理由の確認を行った。この時点では、事例提供者は変更なしと答えた。

司会者の質問の意図はどこにあるのだろうか？ 事例検討会が進むにつれ、事例提供者が実際に援助を行っていたときに見た利用者の姿が違って見えるようになることがしばしばある。すると、事例提供者は、事例のタイトルや事例提出理由を変更したくなる。この事例検討会の場合、司会者はその時が来るのを待っているようだ。だが、その時はまだ訪れていない。

3 利用者および事例を理解する

事例検討会は、「利用者および事例理解」へと駒を進める。そのためにはより深い情報収集が必要だ。利用者および事例を正しく理解しなければ、後に続く「手立て」は絵に描いた餅になってしまう。

司会者 それでは、これまでにわかったことをもとに、事例を掘り下げていきましょう。ここでも、自分の意見を交えずに、質問を行ってください。

参加者 Aさんの認知症についての診断名は何ですか？

提供者 診断名は出ていません。

参加者 基本情報では、認知症高齢者の日常生活自立度はⅢbとなっています。この根拠を教えてください。

提供者 総合病院で認定調査を受けたときの判定です。

参加者 大声を上げたり、暴れたり、幻覚が現れたりということでした。幻覚はどのようなものだったのでしょうか？

提供者 病室に小さな子どもがいると言ったそうです。

参加者 それをどなたから聞いたのでしょうか？

提供者 奥さんから聞きました。

参加者 奥さんは、80歳を超えているとは思えないほどにしゃきしゃきとした印象なのですよね。

提供者 はい。転院のいきさつやAさんの状態を、電話できちんと話してくれました。

参加者 電話は、どちらからかけたのですか？

提供者 奥さんからです。「もうすぐ退院するので」という連絡でした。

参加者 病院に面会には行かれましたか？

提供者 ケアマネジャーとしての契約を結ぶ前ということもあり、行っていません。

参加者 BPSDの症状が出たので大学病院から総合病院に転院し、そこでもBPSDが治まらないので退院したのでしたね。でも、その症状は見ていないわけですね。

提供者 はい。

参加者 自宅に帰ってからはどうだったのでしょうか？

提供者 退院から数日後にお宅に伺ったのですが、症状はありませんでした。

参加者 Aさんに特殊寝台の利用を承知してもらったということでしたね。

提供者 はい。

参加者 Aさんに直接話したのですか？

提供者 奥さんは、腰が曲がり、動くと息切れをします。その奥さんがAさんを介護するのです。「ご自分のためではなく、奥様のために……」と直接話しました。

この後、どのような介護を妻がしていたのかの質問が続いた。ここでは、そのやりとりは省略する。

参加者　Aさんと直接話し、どうなったのでしょうか？

提供者　ベッドのレンタルを承知してくれました。

参加者　そのような言葉が返ってきたのですか？

提供者　言葉は、「ああ」とかそれだけでしたが、しっかりうなずいてくれました。

参加者　Aさんは、あなたの話の内容がわかったうえで、うなずいたのでしょうか？

提供者　おそらく、そうだと思います。横にいた奥さんも「あなたありがとう」と言いましたので。

参加者　Aさんは、認知症でしたね。

提供者　あ、はい。

参加者　大声を上げたり、暴れたり、幻覚が現れたりといった症状は、その後、現れたのでしょうか？

提供者　私自身目撃したことはありませんし、奥さんからも聞いていません。

参加者　入院を繰り返したり、その間に在宅サービスを使ったりしますね。その時も症状は現れなかったのでしょうか？

提供者　大声を上げるなどは聞いていません。

参加者　本当に認知症なのでしょうか？

提供者　……だと、思います。認定調査の判定がⅢbでした。

参加者　主治医意見書はどうでしょう。

提供者　同じく、Ⅲbでした。

司会者　認知症高齢者の日常生活自立度判定基準を念のために確認しておきましょう。どなたか、お願いします。

参加者　ランクⅢの判断基準は、「日常生活に支障を来すような症状・行動や意思疎通の困難さがときどき見られ、介護を必要とする」です。Ⅲbは、そうした状態が夜間を中心として見られるという判断基準です。

司会者　ありがとうございます。事例検討会は、診断の場ではもちろんありません。ただし、医師による認知症についての診断名は出ていないという事実はあります。鈴木さんに伺います。今の判断基準を聞いて、Aさんが区分変更で要介護4となって以降、あなた自身の体験として、日常生活に支障を来すような症状・行動がときどき見られたり、意思疎通の困難さを感じたりしたことはありますか？

提供者　う～ん、ないような気がします。

司会者　判定はⅢbであるにもかかわらず、その判断基準となっている状態は見当たらず、ベッドのレンタルについての事例提供者の説得の内容も理解している。どなたか、この状況を説明できる方はいますか。

参加者 あくまでも推測ではありますが、認定調査が行われたり、主治医意見書が書かれたりしたとき、Aさんはせん妄であったのかもしれません。せん妄であれば原因を取り除いたり、抗精神病薬などの薬物療法を行ったりすることで治ります。せん妄は夜間に悪化することが多いので、夜間を中心とする症状の悪化というⅢbの判定とも合致します。認知症との合併については、わかりません。

司会者 ありがとうございます。そうですね、せん妄の可能性もありそうですね。また、症状が起きたり、起きなかったりという状態だとすれば、血管性認知症ということも考えられますね。（事例提供者に向かって）どうですか？

提供者 そうかもしれません。私は、Ⅲbの判定を前提にAさんを見ていたのかもしれません。いや、ちょっと待ってください。

　事例提供者の表情が変わった。司会者と参加者は事例提供者の言葉を待つ。板書係もホワイトボードへの記入の手を止める。

提供者 もしかしたら、Ⅲbの判定に安心したところがあるような気がします。うまく言葉にできないのですが、Aさんともう話さなくてもいいんだという安心感のようなものだと思います。もちろん、認知症があっても、まずは本人と話さなくてはならないことは承知しています。その意思を中心にして支援を組み立てなければならないことも知っています。でも、「認知症だから仕方がない」と、どこかで自分を許すことができる。もともとAさんは苦手だったので……。

　事例提供者の気持ちを絞り出すような言葉に、うなずく参加者もいる。これで、事例タイトルである「認知症がある本人の意思をどこまで尊重するか」は変わりそうだ。しかし、事例提供者に大きな気づきが生まれつつある段階だと司会者は感じ、ここでは事例タイトルを変更するかどうかを事例提供者に尋ねることはしなかった。司会者は事例提供者の自分の心を開示した発言に最大限の感謝を示し、検討会を先に進めることにした。

司会者 この事例検討会の場で、Aさんが認知症であったかどうかを判定することはできませんし、繰り返しますが、そのような場ではありません。いずれにしろ、鈴木さんが言ってくれたように、たとえ認知症があったとしても、本人に話を聞き、本人の意思を中心にした支援が必要であるはずです。そのことを私たちは心のなかに置き、利用者と事例を深く理解していくことにしましょう。質問を続けましょう。

参加者　最初の訪問で、Aさんは、「他人の世話にはならん。帰ってくれ」と支援を断りましたね。どのような言い方でしたか？

提供者　かなり強い口調でした。ほかにも「妻がいるから介護はいらない」とも言われました。

参加者　その頃、奥さんは、どのような介護をしていたのでしょうか？

提供者　そのあたりを聞く前に追い返されたという感じです。

参加者　その後、ベッドからずり落ちて、奥さんが鈴木さんに助けを求めます。鈴木さんは駆けつけて、Aさんをベッドに戻すということが何回かありました。このとき、Aさんは、「用事が終わったのなら、さっさと帰りなさい」と言ったということですね。自分を助けに来た人をさっさと追い返すのは、あまりにも失礼なことだと思うのですが、初回訪問のときのように強い口調だったのですか？

提供者　いえ、強い口調ではありませんでした。大人が出来の悪い子どもを諭すような……、そうですね、Aさんは、学校の先生でしたので、まさに先生のような物言いでした。

参加者　鈴木さんは、出来の悪い子どもじゃなくて、むしろ困っている人を助けに来た正義の味方ではないですか？

提供者　ありがとうございます。Aさんもベッドに戻したときは、「すまないね」と言ってくださいます。ただ、その後、これはサービスを利用してもらうチャンスだと思い、奥さんと話しこんでいるときに、「さっさと帰りなさい」とたしなめられるという感じでした。

参加者　サービスの利用について、Aさんには勧めたのですか？

提供者　はい。もちろん勧めましたが、初回訪問と同じように断られ、それ以降は勧めていません。

参加者　奥さんと話したのは、Aさんの前ですか？

提供者　いえ、ベッドがあるのは寝室で、奥さんとはダイニングルームで話します。

参加者　Aさんは、鈴木さんと奥さんがどのような話をしているのかご存じですか？

提供者　う〜ん、話の内容は寝室では聞き取れないと思います。きっと、陰口でもきいているのかと思われたのかもしれません。だから「さっさと帰りなさい」と……。

参加者　サービスはいらないと言っていたAさんがサービスを利用するようになったきっかけは何でしょうか？

提供者　先ほども言いましたが、ベッドについては、「ご自分のためではなく、奥様のために……」とお願いし、サービスの利用が始まりました。

参加者 その他のサービスについてはどうでしょう。確か、急性胆管炎で入院したとき、家に帰る条件として、訪問診療と訪問看護の利用が開始されたということでしたね。

提供者 はい。Aさんが家に帰ることを強く希望したため、病院の医師が条件を出したのです。

参加者 その後、訪問リハ、訪問介護、訪問入浴の利用が始まったということですが、Aさんはすんなりと同意したのでしょうか？

提供者 いえ、これも、「奥様のために」とお願いし、利用してくれることになりました。

参加者 奥さん思いのAさんですね。

参加者 入院しているとき、家に帰りたいとAさんが強く希望したのはどうしてでしょうか？

提供者 病院にいるより家のほうがよいと、多くの人がそう思うのではないでしょうか。

参加者 それはそうなのですが、家に帰りたいと思う理由は人それぞれに違うと思うのです。たとえば、自分が建てた家に愛着があるから、病院が嫌だから、自分が好きなように振る舞える場にいたいから、枕が違ったら眠れないから、家族といっしょにいたいからなどです。Aさんの場合は、どの思いが強いのでしょうか？

提供者 う～ん。何でしょう。一つではないと思いますけど、一番強い思いは、奥さんといっしょにいたいからではないでしょうか。

司会者 そう考える理由はありますか？

提供者 私が知っている利用者さんのなかでも、Aさん夫妻は結び付きが強いほうだったと感じています。それと……、そうですね。サービスも「ご自分のために」と勧めてもだめだったのが、「奥様のために」とお願いすると首を縦に振ってくれたくらいですから、やはり奥さんといっしょにいたいという理由で、強く退院を希望されたのだと思います。あっ、もしかしたら、最初の頃、奥さんと話し込む私に対して「さっさと帰りなさい」とAさんが言ったのは、私が長々と話すのを快く思わなかったからかもしれませんね。

　振り返りの事例検討会で話し合われることは、推測に基づくものが多い。だがそれが、練り上げられたうえでの推測であれば、事例提供者や参加者の胸にストンと落ちることがある。事例検討会は、夫妻の結び付きの強さへと検討が進んでいく。

参加者 訪問看護の担当を変えてもらったことがありましたね。奥さんが「担

当の看護師の感じがよくない」と言ったということですが、誰に対して感じがよくないと言ったのでしょうか？　自分に対してなのか、Aさんに対してなのか……。

提供者　Aさんに対してです。口の利き方も、態度も気に入らないと言いました。

参加者　奥さんの口調はどんな感じでしたか？

提供者　日頃のしゃべり方は上品で、それほどきつい言い方はしない人なのですが、そのときは、怒りを交えた厳しい口調でした。

参加者　Aさんに対するどのような口の利き方や態度に対して怒っていたのでしょうか？

提供者　上から目線で、今流に言えばリスペクトしていない、つまり、敬意を払っていないという口の利き方や態度です。

参加者　鈴木さんは、その様子を目撃したことがありますか？

提供者　奥さんから言われてすぐ、サービスの時間に合わせて訪問しました。確かに、口の利き方はやや荒っぽい感じでした。ただ、それほどぞんざいだとは感じませんでした。確かに、奥さんはAさんに対しても敬語で話しているので、それに比べれば、不満かもしれません。

参加者　敬語なんですか!?

提供者　はい。よそよそしい感じとかではなく、心から夫を尊敬しているという口調です。

参加者　訪問看護師に対するAさんの様子はどうでしたか？

提供者　不快に思っている印象はありませんでした。いやむしろ、にこにことサービスを受けている感じでした。

参加者　訪問看護師さんは、女性ですよね。

提供者　はい。……なるほど、その女性ににこにこ顔で接するAさんの様子を、奥さんは好ましく思っていなかったのかもしれませんね。

参加者　ぞんざいさがそれほどでもない訪問看護師を、結果として変更してもらったわけですよね。

提供者　訪問の後、「そんなに問題があるとは感じませんでした」と奥さんに電話をしたのですが、「あの看護師は嫌」と譲りません。そこで、訪問看護ステーションの管理者に看護師さんには問題がない旨を伝え、「相性がよくないらしい」と頭を下げ、担当を変えてもらいました。

司会者　ともに再婚の夫妻。どちらの子どもも寄りつかず、親戚付き合いも近隣との関係も希薄。10歳違いの二人がどこでどのように知り合い、結婚したのかはわかりません。ただ、今までの事例検討を通じ、二人を結ぶ絆はかなり強くしっかりしたものであることが推測できます。

司会者は会場を見回し、少し間を取る。そして言葉を続ける。

司会者　そんな二人が願ったことがあります。入院しているAさんは、「家に帰りたい」と訴え、奥さんも「家に帰してほしい」と希望しました。しかし、その願いが叶えられることはありませんでした。事例提供者の鈴木さんは、ケアマネジャーとして二人の願いを叶えられなかったことを後悔しています。
　それでは、今から、療養病床への転院を決めた退院に向けてのカンファレンスで何が起こったのか、そして、ケアマネジャーの行うべき援助、すなわち、「手立て」には、どのようなものが考えられたのかを検討していきたいと思います。

カンファレンスで何が起こったのか…

3 「手立て」を考える

1 あのとき、何が起こったのか

　現在進行形の事例検討会では、これからどのような手立て（援助）が考えられるのかを検討する。振り返りの事例検討会では、事例提供者が行ってきた援助に、よりよい道はなかったのかを検討する。その検討過程で、「事例提供者の援助の至らなさ」が明らかになってくることがある。しかし、事例検討会は、事例提供者を非難する場では決してない。参加者は、検討の場を与えてくれた事例提供者とその向こうにいる事例の登場人物たちに深く感謝しながら事例検討会を進めていく。

司会者　退院に向けてのカンファレンスに至るまでの流れを、まずは振り返ってみましょう。Aさんは肺炎で入院したのでしたよね。誤嚥性肺炎ですか？
提供者　はい。そのように聞きました。
司会者　では、皆さんからも質問をつなげてください。
参加者　誤嚥性肺炎は、それまでも繰り返していたのでしょうか？
提供者　いえ、そのときが初めてだと思います。食事も普通食でしたし、3度の食事の後、奥さんが欠かさずに口腔ケアを行っていました。
参加者　口腔ケアは誰かが指導したのでしょうか？
提供者　はい。入れ歯の調子が悪いからと、訪問歯科診療を利用したことがあるのですが、そのときに来た歯科医が奥さんに口腔ケアの必要性とその方法を伝えました。それ以降、奥さんは口腔ケアをきっちりと続けています。
参加者　それなのに、どうして誤嚥性肺炎を起こしたのでしょうねぇ。
提供者　嚥下の力が落ちたからだと聞きました。
参加者　入院後、食事は再開されましたか？　もし再開されたのなら食事の形態などについて教えてください。
提供者　ゼリー食で嚥下訓練を行い、蜂窩織炎（ほうかしきえん）の発症で嚥下訓練の中断はあったものの、嚥下食に移行できたそうです。ただ、痰の吸引が必要になったと聞きました。

参加者 痰の吸引が必要になった理由はどのようなものなのでしょうか？
提供者 嚥下に関係するのだとは思いますが、それ以上は、聞けていません。

　その後の退院カンファレンスでは、「痰の吸引」が自宅への退院の可否に決定的な影響を及ぼすことになった。会場から質問が続く。

参加者 痰の吸引が必要な理由を聞くことができなかった事情でもあったのでしょうか？
提供者 いえ、それは……。

　事例提供者が追い込まれないように司会者が軌道修正を行う。

司会者 入院中の利用者の医療情報の何を、いつケアマネジャーは入手すればよいのでしょうか。一般的には、自宅への退院が決まった時点で、在宅療養に必要な情報を集めるという段取りでしょう。退院の連絡は、いつ、どのように受けましたか？
提供者 「退院ができるようになったのでカンファレンスを開きたい」との連絡が病院の地域連携室から入りました。「患者が自宅に帰りたいと言っているので受け入れ体制を整えてほしい」ということでした。退院の予定は１週間後でした。
司会者 質問を続けましょう。
参加者 そこから、退院に向けての準備を始めたのですね。
提供者 連絡を受けた日に、入院先の病院を訪問しました。病室には奥さんもいました。「１週間後に退院が決まったそうですね」と声をかけると、奥さんは「ええ、おかげさまで」と目を細め、「これからもよろしくお願いいたします」と頭を下げました。おそるおそるＡさんに「よかったですね」と声をかけると、「早く帰してくれ」と素気なく言いました。でも、上機嫌な印象を受けました。その足で地域連携室に行き、ソーシャルワーカーから現在の状況を聞きました。これまでも何度か情報交換をしたことがある人です。
参加者 Ａさん以外の利用者さんのケースでもかかわりがあるソーシャルワーカーですか？
提供者 ３〜４名ほどですけど、相談にも応じてくれます。
司会者 今の質問の趣旨を聞かせてください。
参加者 ソーシャルワーカーとの関係の深さを知りたかったのです。ある程度関係が深く気心が知れていると、こちらの立場に立って調整をしてくれたり、たとえば、カンファレンスのとき、こちらの味方になってくれたりすることが

期待できると考えました。
司会者 そうですね。「味方」という表現は「敵」を前提とした言い方で、少し言い過ぎだとは思いますが、地域連携室や退院調整看護師など、退院支援にかかわるスタッフとの関係を強めておくことは、ケアマネジャーの武器になりますね。それで、そのソーシャルワーカーは、退院に向けてのカンファレンスに参加したのでしょうか？
参加者 いえ、残念ながら当日はお休みで、地域連携室からは別のソーシャルワーカーが出席しました。
司会者 そうでしたか。

　この「そうでしたか」の言葉には、事例提供者をいたわる色合いがあった。司会者は続ける。

司会者 馴染みのソーシャルワーカーからは、どのような情報をもらったのでしょうか？
提供者 肺炎と蜂窩織炎（ほうかしきえん）の治療が終わり病院の主治医から退院の許可が出たこと、自宅への退院を患者本人と家族が希望していること、嚥下食の摂取が可能になったこと、痰の吸引が必要になったこと、痰の吸引の指導を奥さんに行う予定であること、ADLについては入院時に渡したケアマネジャーからの連携シートの内容と大きな変わりがないことなどです。
参加者 奥さんが痰の吸引の指導を受ける予定ということですが、吸引の内容や頻度はどのようなものでしょうか？
提供者 吸引の方法は聞いていません。頻度については、その時々の状態にもよるようですが、最近は体調もよく、頻度は少なくなっていると聞いています。
参加者 奥さんは吸引を問題なく行えるレベルなのでしょうか？
提供者 吸引ができる家族がいないと自宅への退院は難しいと奥さんに伝えたところ、「私がやります」と言ったそうです。吸引自体はそれほど難易度の高いものではなく、「訪問看護がサポートしてくれれば大丈夫でしょう」と病棟の看護師が言っているとソーシャルワーカーから聞きました。
参加者 嚥下食はどのようなものですか？
提供者 ユニバーサルデザインフードでいえば、舌でつぶせる程度の嚥下食です。
参加者 家に帰れば、奥さんが調理できるのでしょうか？
提供者 ごはんは全粥（ぜんがゆ）程度なので作ることはできます。飲み物にはとろみをつけ、おかずについては、今どきは宅配や通販サービスがあるので、それを利用

することが可能です。奥さんは、「そんな便利なものがあるなら安心ね」と言っていました。

参加者 退院後の在宅サービスについて、新たに準備をしたことはありますか？

提供者 ソーシャルワーカーに相談したところ、病状のコントロールもADLも入院前とそれほど変化がないので、同じサービスでよいのではないかとの助言をもらいました。翌日、訪問診療の先生を訪ね、現在の病状のほか、痰の吸引が必要になったことと、食事形態が嚥下食になったことを報告しました。加えて、痰の吸引は奥さんが病院で指導を受けること、嚥下食についても宅配や通販の利用も合わせて検討していることを伝えました。そして、サービスについては、以前と同じように組もうと思っていますと言ったところ、「それでよいと思いますよ。何とかなるんじゃないですか」と言ってくれました。

参加者 自宅への退院については、大きな問題はなさそうですね。

提供者 そのときはそう思っていて、それで安心したのだと思います。

司会者 安心といいますと？

　司会者は、事例提供者の「安心した」という発言をきっちりと捕まえた。

提供者 カンファレンスに向けて、サービス担当者に声をかけたのですが、入院前と同じでよさそうだという気持ちがあり、サービスの内容については、事前に調整していなかったのです。

　「あるべき手立て」に事例提供者は気づいたようだ。司会者と参加者は、静かに次の言葉を待った。

提供者 訪問看護とは特に調整しておくべきだったのだと思います。医療処置などの具体的な内容については、カンファレンスのときに医療職同士で引き継いでもらえばよいと思っていました。実際、そのほうがスムーズに行くことが多かったので……。それに、訪問診療の先生が「何とかなるんじゃないですか」と言ってくれたのに、それすら訪問看護に伝えていなかった……。

参加者 鈴木さんはカンファレンスを、自宅への退院を前提としたものであり、病院側から在宅ケアチームへの申し送りの場になると思って臨んだのでしたよね。

提供者 そうなんです。まさか、自宅への退院以外の決着になるとは思ってもいませんでした。

機は熟したようだ。今回の振り返り事例検討会の山場、退院カンファレンスで何が起こったのかを検証する場面へと検討会は突入する。

司会者　では、退院に向けたカンファレンスがどのように進行したのかを振り返っていきましょう。鈴木さん、訪問看護師が自宅への退院は無理なのではないかと言い始めるまでの経緯を簡単に説明してもらえますか？

提供者　カンファレンスの参加者から説明します。病院側は、病棟の看護師長と担当看護師、地域連携室のソーシャルワーカー、在宅側は、訪問看護、訪問介護、福祉用具貸与の各担当者とケアマネジャーである私。Aさんは参加せず、奥さんとAさんの甥が参加しました。司会は看護師長でした。

　まず、担当看護師が、病状の経緯と現在の状態を説明。以前の入院のように大声を上げたりすることもなく、心身ともに落ち着いた状態であるとの説明がありました。また、嚥下の状態についての説明もありました。吸引が必要になったことにも看護師は触れ、それを伝達しようとした途端に、訪問看護師が発言したのです。「ちょっと待ってください。吸引が必要なんですか」と少し荒い口調でした。病棟の看護師は、誤嚥性肺炎の予防のために吸引が必要だと説明を続けようとしたんですが、「私たち、それを聞いていません。吸引が必要なら自宅への退院は無理なのではないでしょうか」と言い始めました。

司会者　その発言に対して、カンファレンスの席はどのような雰囲気になりましたか？

提供者　突然の発言だったのと、口調が強かったので、一瞬時間が止まったような感じでした。病棟の看護師は発言を続け、「在宅が無理なら、転院先か施設を探したほうがよいでしょうね」と言ったのです。

参加者　自宅への退院を前提にしたカンファレンスではなかったのでしょうか。

提供者　私はそう思っていました。でも、後から考えると、病院の主治医が出したのは退院の許可であって、退院先を指定しているわけではありません。病院側としても退院してくれれば、それでよしと考えていたのではないでしょうか？

参加者　でも確か……、地域連携室から「患者が自宅に帰りたいと言っているので受け入れ体制を整えてほしい」という連絡をもらったということでしたよね。

提供者　それはそうなんですが……。

　参加者が、自分の経験を踏まえて、事例提供者が置かれている状況についてコメントする。

参加者 ある病院の看護師長から、「高齢患者の場合は、自宅でも施設でも、とにかく退院先が決まることが最優先」という話を聞いたことがあります。その看護師長はベッドコントロールの責任を負わされていて、在院日数短縮化の流れもあり、「本当は、患者一人ひとりの気持ちを聞きたいのだけど、その余裕はない」とも嘆いていました。

司会者 カンファレンスの当日に休みだったというソーシャルワーカーは、患者の意思を尊重して自宅への退院を考えたのですが、病院側としては、退院先さえ決まれば一件落着とする現状もあるのだと思います。

提供者 利用者の意思はそっちのけですね……。

司会者 本当にそうですね。「利用者の意思の尊重」は私たちケアマネジャーにとって命綱ともいえるものでしょう。では、どうすればよかったのか。それを考えるためにカンファレンスがどうなったのかをもう少し振り返ってみましょう。鈴木さん、病棟の看護師が「在宅が無理なら、転院先か施設を探したほうがよいでしょうね」と言った後、カンファレンスはどのように展開したのでしょうか。

提供者 真っ先に反応したのが奥さんでした。「私、吸引の練習をしています。だから家に帰してください」と、か細い声ながらもはっきりと言ったのです。

司会者 奥さんの発言は、鈴木さんの目にどう映りましたか？

提供者 びっくりしました。専門職がずらりと並んだ席で、自分の意見を堂々と言ったのです。私もとっさに、「訪問診療の先生も、何とかなるんじゃないですかとおっしゃっていました」とフォローしました。すると訪問看護師に「誰が何とかするんですか！」と返されました。「いま、奥様が吸引の練習をしていますとおっしゃいましたが、吸引は命にかかわることです。奥様一人で十分なのでしょうか!?」と訪問看護師は質問しました。病棟の看護師が、「できれば、訪問看護のほうでサポートしてもらいたい」と答えました。すると、訪問看護師は、「突然言われても私たちの事業所は人員的に余裕はなく、吸引の度に駆けつけるわけにはいかない」と言いました。前もって訪問看護ステーションと相談をしていなかった私が責められているのだと思い、私は何も言えなくなってしまいました。そうこうしているうちに、今度は訪問介護のサービス提供責任者が、「私たちの事業所のヘルパーは吸引ができません」と言い始め、カンファレンスの場は、「自宅への退院は難しい」という方向に一気に傾いていきました。

参加者 奥さんの発言がなおざりにされている感じですね。

参加者 それと、Aさんの思いには触れる人はいなかったのでしょうか？

提供者 本来なら、ケアマネジャーの私がAさんの代弁をするべきだったのだと思います。カンファレンスに出席していないからなおさらです。でも、なん

だか頭が真っ白になって、それができませんでした。あの場で、Aさんの代弁をしたのは、奥さんでした。奥さんは言いました。「夫は、帰りたいと言っています。私も家に帰ってほしいと思っています。そのために、痰の吸引の勉強もしました。だから帰してください」。その言葉を受け止めたのかどうか、司会の看護師長は、Aさんの甥に意見を求めました。甥は、「入院を延長することは無理だろうか」と尋ねましたが、看護師長は、「次の患者さんが待っているので治療が終わった人には、できるだけすみやかに退院してもらっている。入院の延長は難しい」と返しました。甥は少し考えて、奥さんに言いました。「皆さんが難しいと言っているのだから、今は、自宅への退院は諦め、別の病院や施設のお世話になったらどうだろうか、ずっと家に帰れないわけじゃないし、もう少し元気になってから帰ればいいんじゃないだろうか」と。

参加者 奥さんは、納得しませんよね。

提供者 はい。奥さんは、「夫も私も帰りたいと言っているのに、それが聞き入れられないのはどういうことですか。年寄りをどうしていじめるんですか」と言いました。病院のスタッフも、在宅ケアのスタッフも、それには反論できません。場を収めたのは、甥でした。「ここは、専門の人たちの意見に従いましょう。それがきっと伯父さんのためになるのだと思います。家に帰るのが少し延びるだけなんだから。どうか、皆さんよろしくお願いいたします」。そう甥は言いました。転院先は、その日のうちにソーシャルワーカーが探しました。

司会者 鈴木さん、本当にありがとうございました。カンファレンスの様子がよくわかりました。その後の結果は、皆さんがご承知の通りです。

司会者は、「失敗事例」ともいえる事例を提供してくれたことに、まずは感謝の気持ちを伝えた。

2 見えてきた壁

通常の事例検討会の「手立て」の検討では、最初に「手立て」のアイデアを参加者から募るのだが、この事例検討会では、その手順を踏まない方法を司会者は選ぶことにした。理由は、事例提供者が、どのようにすればよかったのかという「手立て」に気づきはじめていると司会者は確信したからだ。最初に、事例提供者に話してもらい、その後で、参加者が手立てのアイデアを出すという手順で進む。

司会者 ここまでの事例検討会を通じて、どのような手立てがあったのかについては、事例提供者の鈴木さん自身がすでに気づいているのではないかと思います。いかがですか、鈴木さん。
提供者 はい。事例を振り返るうちに、たくさん気づかせていただきました。
司会者 では、鈴木さんから、この事例検討会を通じてわかったことを述べていただきます。
提供者 今さらという気もしているのですが、事例のタイトルを取り下げたいと思います。
司会者 事例のタイトルは、「認知症がある利用者の意思をどこまで尊重するか」でした。
提供者 この事例検討会の途中で、司会者に「事例タイトル」と「事例提出理由」に変更はありませんかと聞かれました。そのときはまだ気がついていませんでしたが、事例タイトルそのものが事例を見えづらくしていることに気づきました。なぜなら、Aさんを「認知症がある人」とすることで、Aさんの思いの理解を棚上げにしていた自分がありました。今思えば、Aさんは認知症ではなかったのではないかと思います。いや、たとえ認知症があったとしても、本人の思いを理解し、その思いの実現に向けて努力することがケアマネジャーの仕事なのだと思っています。
司会者 新しくタイトルをつけるとしたら、何にしますか？
提供者 そうですね。「利用者の思いを退院支援にどう生かせばよいのか」というのはどうでしょうか？
司会者 皆さんはどう思いますか。

　　司会者からの問いかけに、参加者は拍手で応えた。

司会者 ありがとうございます。私も的確なタイトルだと思います。
提供者 ところが、利用者の思いを生かすどころか、利用者の思いから目をそらしてしまっていたのです。地域包括支援センターから紹介を受けるときに言われた「拒否が強い人」という言葉をそのまま鵜呑みにし、まっさらな気持ちでAさんに向き合うことができませんでした。そして、かかわり始めから苦手意識を持ち、生活歴を聞き出すことすらできていませんでした。校長先生だったこと、柔道の高段者であること、奥さん思いのこと、夫婦の絆、他人の世話になろうとしない強さ、次々に襲ってくる病気に立ち向かう力、家に帰りたいという強い思い……。Aさんと関係をつくるための手がかりは実にたくさんあったのだということがわかりました。どうしても関係をつくることができないのであれば、担当を別のケアマネジャーに変わってもらうことも検討すべき

だったと思います。苦手意識を抱えたまま担当を続けることは、利用者の不利益になると思うからです。

　事例提供者は、この事例のことを「『もやもや』と自分の胸のなかに残っている」と言った。もやもやは吹っ切れたのだろうか。

提供者　皆さんに事例を検討してもらったおかげで、Ａさんの思いを知り、その代弁をするのが私の立場だったということが痛感できました。自分の立ち位置がわかったことで、もやもやとした気持ちは薄らぎました。でも、思いの代弁はできなかった……。だから今度は、悔やんでも悔やみきれない気持ちが押し寄せています。カンファレンスの席で、奥さんが「年寄りをどうしていじめるんですか」と言った場面がよみがえります。家に帰りたいと願うＡさんの思いの強さが改めてわかりました。それを「認知症」というオブラートに包もうとしていた自分がありました。

　どうすればよかったのか──。

提供者　自宅への退院がすでに決まったことだと思い込んでカンファレンスに臨んだのが大きな誤りでした。結果から判断すれば、特に訪問看護との事前調整はぜひとも必要だったのだと思います。
司会者　どのような事前調整を行いますか？
提供者　そうですね。「家に帰りたい」というＡさん夫妻の強い思いを伝えます。また、訪問診療の先生に報告したようなこと、たとえば、現在の病状、痰の吸引、食事形態が嚥下食になったことを、その時点で考えている対策を含めて伝えます。
司会者　事前に相談すれば、カンファレンスの席で「自宅への退院は無理なのでは」と訪問看護師が突然に言ったりすることはなかったかもしれませんね。
提供者　そうだと思います。
司会者　では、もしも、事前調整のときに訪問看護側が「自宅への退院は無理なのでは」と言ったらどうしますか？

　司会者の「もしも」という投げかけ。事例提供者は、架空の現場に自分の身を置いてみる。

提供者　う～ん。カンファレンスのときに私はなすすべもなく押し切られてしまいました。同じようなことが起こったかもしれません。「医療は苦手」とい

う意識があり、医療職の前ではどうしても先方の言うことを聞くだけになってしまいます。どうすればよかったのでしょうか……

　投げかけを受けた事例提供者からの問いかけ。事例検討会は、新しい局面を迎える。

司会者　この事例のなかに立ちはだかる一つの壁が見えてきました。その壁を乗り越える方法がわかれば、カンファレンスの席でも、押し切られることはなかったのかもしれません。
　私たちケアマネジャーは、利用者本人の思いを知り、その思いの実現のために支援を組み立てる仕事をしています。しかし、たとえ本人の思いを知ったとしても、その思いを実現する手立てがなければ、本人の思いは「叶わぬ夢」となってしまいます。さあ、ここからは、皆さんのアイデアを借りましょう。

3 手立てのアイデアを出す

　ここで司会者は、この事例の「ゴール」を確認する。

司会者　壁を乗り越えた先にあるゴールをまずは確認しておきましょう。鈴木さん、この事例にゴールを設定するとしたら、何になりますか。
提供者　やはり、「自宅への退院」がゴールだと思います。
司会者　そうですね。では、このゴールに向けてどのような手立てが考えられるでしょうか、皆さん、どんどんアイデアを出してください。

　自宅への退院というゴールに向けて、参加者はランダムにアイデアを出す。板書役は出されたアイデアをホワイトボードに書いていく。

参加者　カンファレンスに臨む前に、訪問看護に限らず、サービス担当者それぞれと事前調整を行い、自宅への退院後のリスクを聞き、その対策を検討します。つまり、「備えあれば憂いなし」ということです。
参加者　その際には、Aさん夫妻の自宅への退院への思いの強さをしっかりと伝え、すべてのサービス担当者が自宅への退院を祝福するといった雰囲気をつくり出したいと思います。
司会者　退院できることを喜んでいたAさん夫妻の姿を鈴木さんは目撃しています。その喜びに皆で共感するという感じですね。

参加者 在宅医は、「何とかなるんじゃないですか」と言ったということですね。これは、在宅療養に向けての強力なお墨付きになると思うので、その根拠というか、在宅医としての考え方を聞いておきたいですね。

参加者 これは、アイデアというより考え方の問題ですが、在宅では病院や施設に比べ、手厚いケアが受けられないと思っている風潮があるような気がしています。特に、病院関係者に多く、施設ばかりではなく在宅のスタッフにもそのように思い込んでいる人がいます。でも、考えてみると、在宅での訪問看護や訪問介護のように、1対1の付きっきりのケアを1時間程度続けて行う病院や施設はほとんどないのではないでしょうか。むしろ、在宅のほうが手厚いケアが可能な時代なのだと思います。

司会者 本当にその通りですね。特に急性期の病院は、治療が優先されるため、ケアに充てられる時間はそれほど多くありません。在宅医療を行う医師も増えました。Aさんよりも重度の人が在宅療養を送っているケースは、いくつもありますね。ところで、そのような現状の認識を今回の事例で役立てることはできませんか？

参加者 そうですね。病院のスタッフに理解してもらうのは難しいかもしれませんが、在宅のケアチームの間では共有しておきたいですね。

司会者 私たちは病院や施設に勝るとも劣らないケアが提供できるという認識は、日々の業務の励みとなるばかりか、大いなる誇りにもなりますね。一つひとつのケースで積み重ねていくという方法のほかに、たとえば「医療ニーズの高い人の在宅ケアの現状」といったテーマで、地域の研修会を開催するというのもよいかもしれません。その研修会に病院や施設のスタッフが参加すれば、地域にとってもさらに有意義な研修会になるでしょう。話が膨らみました。さて、話をAさんの事例のアイデアに戻しましょう。

参加者 吸引についての情報は、医療職任せにせず、ケアマネジャーとしても詳細に把握しておきたいところですね。

司会者 どのような情報ですか？

参加者 吸引が必要になった理由、吸引の内容、頻度、今後の見通し、そして、奥さんができる範囲と訪問看護にしてほしいサポートの内容です。

司会者 それらの情報をどう生かしますか？

参加者 訪問看護や在宅医との事前打ち合わせで情報を伝え、よりリアルな準備を行います。

参加者 この事例の訪問介護は、痰の吸引を行えない事業所のようでしたが、ヘルパーによる痰の吸引が必要なのであれば、それができる訪問介護事業所を探し、ケアチームに参加してもらうのも一つの方法だと思います。

参加者 痰が詰まったときなどの緊急時の対応策について、奥さんを含め、在

宅医やサービス担当者と話し合います。
司会者　いつ、どこで話し合いますか？
参加者　できれば退院前に調整しておくのがよいと思うのですが、それが難しければ、退院後すぐにサービス担当者会議を開き、議題の一つとして、緊急時の対応を話し合います。
参加者　病院で行われるカンファレンスをサービス担当者会議にするという方法もあると思います。カンファレンスがサービス担当者会議となるように病院に了解をもらい、できれば、司会をケアマネジャーが務めさせてもらうようにします。
参加者　カンファレンスまでに帰宅後のケアプランを作成し、カンファレンスの席で配ります。
司会者　自宅への退院がゆるぎないものになりそうですね。
参加者　そこまでできない場合でも、病院が招集するカンファレンスが自宅への退院を前提としたものかどうかを確かめておくことも最低限必要だと思います。
司会者　退院してもらえれば、それでよしと考えている病院があるということでしたからね。
参加者　この事例検討会の随所で、奥さんに相当な力があることがわかりました。一方、周囲の人は、腰が曲がり、動くと息切れがする奥さんの力をより低く見積もっているような気がします。ケアマネジャーが奥さんの力の正当な評価者になるとともに、周囲に対しての伝達者となります。そうすれば、カンファレンスで押し切られることも、「年寄りをどうしていじめるんですか」と言わせることもなかったような気がします。
参加者　カンファレンスへの同席が予定されている家族や親戚、この事例ではＡさんの甥になりますが、その人と事前に話を交わしておくことも大切ですね。家族や親戚の一言で会議がひっくり返ることもありますから。
司会者　どんな話を交わしますか？
参加者　帰宅後のケア体制のあらまし……、とりわけ話の中心は、在宅のケアチームの目的といったもの、たとえば、「Ａさんご夫妻が家に帰りたいという思いを私たちは全員で支えていこうと思っています」とはっきり伝えます。
参加者　Ａさんに認知症がないことを証明することは難しいかもしれませんが、たとえ認知症があっても、利用者本人の思いをかなえるための支援を行うことが私たち専門職の務めなのではないかとカンファレンスの席で訴えます。
司会者　素晴らしいアイデアがいろいろと出てきました。ほかにありますか？

アイデアは出尽くしたようだ。通常は、これらのアイデアのなかから実現できそうなものを事例提供者に選んでもらい、実行する順番の検討などをするのだが、今回は振り返りの事例だということもあり、司会者は、事例提供者と参加者の感想に移ることにした。

ここでは、感想についての紹介は省略します。ただ、この事例検討会を通じ、冒頭で紹介した事例検討会の目的である、利用者をより深く理解する、よりよい援助の方法を検討する、援助スキルを上げるといった目的のすべてが、概ね達成されたことを報告しておきましょう。

第2章

なんのために事例検討を行うのか

1 「事例検討会」とはなんだろう
2 どのように役立つのだろう
3 事例検討会のカタチを眺めてみよう
4 実りある事例検討会にするためのルール

1 「事例検討会」とは なんだろう

　ケアマネジャー向けの研修では、しばしば事例検討会が行われます。実際に参加した人も多いことでしょう。そのとき、どのような感想を持ちましたか？
　「とても勉強になった」「実践につながる内容だった」と肯定的な感想を抱く人もいれば、「なんの役に立つの？」「自分のレベルに合わない」と否定的な感想を抱く人もいるでしょう。
　ではなぜ研修で事例検討会が行われるのでしょうか。最大の理由は、魅力的な事例検討会を開催し、参加すれば、行き詰まった事例を解決する糸口が見えたり、相談援助職としての実践力が向上したりするからです。この本では、そんな事例検討会の全体像のイメージをいくつかの角度から見ていきたいと思います。
　その前に、少し用語（言葉）の整理を行っておきましょう。

1 さまざまな検討会や会議

　あなたは、「事例検討会」をどのような集まりだとイメージしますか？
　第1章の「『実況』事例検討会」とは別のスタイル、たとえば、日常業務のなかで行われる「カンファレンス」をイメージした人もいるでしょうし、介護保険制度で位置づけられている「地域ケア会議」のなかの「地域ケア個別会議」をイメージした人もいるかもしれません。
　実際、「事例を検討してよりよい援助を考える集まり」には、目的などに応じていくつかの形があり、呼び方もさまざまです。「事例検討会」のほか、よく耳にするものを挙げても、「事例研究会」「ケアカンファレンス」「ケースカンファレンス」「（各種）カンファレンス」「ケア会議」「地域ケア会議」「サービス担当者会議」などがあります。このなかで、「地域ケア会議」と「サービス担当者会議」のように制度上に位置づけられたもの以外の呼び方は、柔軟な使われ方をしています。
　その柔軟さは、目的や枠組みを曖昧にするという側面もありますが、見方を変えれば、それほどまでに「事例を検討してよりよい援助を考える集まり」が当たり前の風景になっているといえるのかもしれません。

2 本書でイメージする「事例検討会」とは

　本書がテーマにする「事例検討会」は、第1章の「『実況』事例検討会」のようなケアマネジャー同士が集まるもの、多職種が事業所を超えて集まるもの、または、研修会で行われるものなどをイメージしています。

　日常業務の一環として行われる「サービス担当者会議」や「（各種）カンファレンス」とは、目的や枠組みが違います。その違いを理解できるよう、サービス担当者会議と比較してみます。

　『ケアマネジャー』（中央法規出版発行）は、介護保険スタート当初から事例検討会に注目し、2001年4月号に事例検討会についての特集を組んでいます。そのなかで、サービス担当者会議と事例検討会の違いを表にして紹介しています（**表2-1**）。18年近く経った今でも、事例検討会の特徴がわかりやすく理解できます。

表 2-1　サービス担当者会議と事例検討会の違い

	サービス担当者会議	事例検討会
目的	ケアプランの作成やサービス調整のためなど、仕事の一部	課題解決の方法の検討、および、実践力向上のため
テーマ	利用者への具体的なケアの検討および決定など、限定的	参加者が検討したいことなら、何でもよい
提出事例の性格	現在進行形	終了事例でも可
参加者	検討対象になっている利用者にかかわっている関係者（ケアチーム）。利用者・家族の参加が基本	上記の目的を共有している人々。利用者・家族の参加は基本的になし
スーパーバイザー	原則としてなし	いると効果的
参加費	無料	有料の場合あり
ケースの匿名性	実名	匿名
守秘義務	有り	有り
頻度・強制力	開催は義務	随時
誰のための会議か	利用者	参加者および利用者

資料：「特集 事例検討のススメ」『ケアマネジャー』第2巻第9号、16頁、2001年を一部改変

本書がイメージする「事例検討会」の特徴を表に沿って整理していきましょう。

1　目的の一つに「実践力の向上」

　　サービス担当者会議は、ケアプランの作成、サービス調整、モニタリングなどのケアマネジメント業務を円滑に行う目的で開催します。一方、事例検討会は、課題解決の方法を検討するとともに、援助者の実践力の向上を目的としています。サービス担当者会議は仕事の一部ですが、事例検討会は実践事例を題材にするものの、教育研修の手法としても位置づけられます。

2　テーマに柔軟性がある

　　仕事の一部として開催するサービス担当者会議に比べて、事例検討会はテーマを自由に設定できます。たとえば、アセスメントの検証、ニーズのつかみ方、面接技術、援助関係のつくり方など、参加者（特に事例提供者）が検討したいことをテーマに掲げます。また、現在進行中の事例だけではなく、援助が終了した過去の事例を取り上げることもできます。

3　援助力を高めたい人が参加する

　　サービス担当者会議に参加するのは、実際にケアにあたっているケアチームのメンバーであり、利用者・家族の参加が基本です。一方、事例検討会の参加者は、事例を題材にして実践力を向上させようという目的を共有している人たちです。利用者・家族が参加することは基本的にありません。

4　スーパーバイザーがいると効果的

　　サービス担当者会議に、スーパーバイザーが参加することは、原則としてありません。ところが、事例検討会は参加者のスキルアップを目指すわけですから、グループスーパービジョンなどの形で、スーパーバイザーの参加は自然であり、効果的でしょう。なお、事例検討会ではスーパーバイザーへの謝礼や会場費などに充てるために、参加費が発生することもあります。司会者がスーパーバイザーを兼ねることもあり、また司会者がファシリテーション機能を担うという意味で司会者を「ファシリテーター」と呼ぶ場合もあります（P.93「ファシリテーターについて」）。

5 ケースは匿名、でも守秘義務は絶対

　利用者・家族が参加して行うサービス担当者会議は、当然ながら実名であり、援助者には守秘義務が課せられます。事例検討会は、検討される事例に直接携わっていない参加者がほとんどですから、利用者・家族はもちろんのこととして、事例に登場する人や機関はすべて匿名です。ただ、「匿名だから秘密を守ることができる」というわけではありません。ケースの特異性などにより登場人物が特定できるおそれも十分に考えられますので、事例検討会で使用した事例検討シート等は持ち帰らず、話し合った内容は会場を出たら口外しないようにするのは、守秘義務によるものです。

6 参加者の意思で開催

　サービス担当者会議の開催は、制度上、義務づけられています。事例検討会は義務ではありません。参加者が自分たちのスキルを高めるために、好きなときに開催します。

7 参加者のための会議

　比較の最後は、「誰のための会議か」という点です。サービス担当者会議が利用者のために開かれるのに対し、事例検討会は、利用者の福利（幸福と利益）という観点から「利用者のため」という要素があるのはもちろんとして、参加者のニーズに基づき「参加者のため」に開かれるという要素があります。参加者とは言い換えれば自分たち。事例検討会は、自分たちの援助力を高めるための集まりでもあるのです。

3 事例研究会、カンファレンス、ケア会議、地域ケア会議との比較

　事例を取り扱う会議との比較・整理を続けます。

1 事例研究会と事例検討会

　事例研究会と事例検討会を厳密に分け、事例研究会を「研修・スーパービジョン系」、事例検討会を業務の一環としての「カンファレンス系」とする考

え方があります。しかし本書では、両者を区別せず、同じものであるとして考えます。したがって、本書では「事例研究会」の呼び方を用いず、「事例検討会」と呼称することにします。

2　カンファレンスと事例検討会

　○○カンファレンスと呼ばれるものには、さまざまなものがあります。ケアカンファレンスやケースカンファレンスのほか、病院や介護施設等で開かれる入院（入所）カンファレンス、継続カンファレンス、退院（退所）カンファレンス、また、亡くなった人への支援を振り返るデスカンファレンスなど、場面や目的に応じて名前がつけられています。施設や事業所独特の呼び方もあるでしょう。

　一方、地域の研修会等で開かれる事例検討会を「○○カンファレンス」と呼んでいるものもあります。

　本書では、事例の対象となる利用者が実名か匿名か、参加者がケアチームといった直接的な関係者のみかそれ以外の人も含まれるかどうかで線引きをし、利用者が匿名で、直接的な関係者以外の参加者が出席者に含まれるものを「事例検討会」と呼ぶことにします。その意味からすれば、地域で行う「多職種合同ケア（ケース）カンファレンス」は事例検討会に分類できます。

3　ケア会議と事例検討会

　「ケア会議」は、野中猛氏が用いた呼称です。野中氏は『ケア会議の技術』で、「『対象者支援を中心課題とする実務者の会議』を『ケア会議』と総称する」[1]としています。また、上原久氏は『ケア会議の技術2──事例理解の深め方』で、ケア会議は、「ケアカンファレンス、ケースカンファレンス、サービス担当者会議、ケース会議、個別支援会議など、さまざまな呼称を持ちます」[2]とし、ケア会議は幅広い概念であるといえるでしょう。

　ただし、野中氏は『ケア会議の技術』のなかで、「機関外ケア会議の多くは一過性のチームで行われる。（中略）本書が中心として追究する形態は、一過性の多職種チームによる数回のケア会議である」[3]と所属機関を越えた多職種によるケア会議を焦点としています。また、上原氏も『ケア会議の技術2』で取り上げるケア会議について、「複数のニーズを持つ事例の課題解決について、多職種が協同して支援の目標や計画を議論する過程であり、ケアマネジメントの展開点として機能する場」[4]と定義しています。さらに、野中氏は『ケア会議で学ぶ　ケアマネジメントの本質』のなかで、「本論で課題となる会議は、組

織を越えて、地域の中で、本人中心の生活モデルに基づき、多職種が参加して行うもの」としたうえで、「組織横断的・多職種参加型の生活モデル事例検討会」と述べ、「生活モデル」であることを強調しています[5]。同時に、同書で上原氏は、ケア会議の本質的な意義を「事例の複雑な状況を紐解き、支援者に一定の見通しをもたせてくれることにある」[6]と述べています。

　本書でテーマとする「事例検討会」も、組織を越えて人が集まり、多職種が参加して（ケアマネジャー同士ということも）、生活モデルに焦点を当て、支援者（参加者）にサジェスチョン（示唆・提案）を与えるという機能をイメージしています。

4　地域ケア会議と事例検討会

　「地域ケア会議」は、介護保険制度に位置づけられた会議です。厚生労働省の通知によれば、地域ケア会議の機能の一つに、「多職種が協働して個別ケースの支援内容を検討することによって、高齢者の課題解決を支援するとともに、介護支援専門員の自立支援に資するケアマネジメントの実践力を高める機能」[7]が挙げられています。これは、地域ケア会議のなかの「地域ケア個別会議（個別ケース検討）」に該当するもので、本書でテーマとする「事例検討会」とイメージが一致します。ただし、介護保険法の理念の遵守や地域課題の発見および政策の形成に軸足が置かれている点は、自発的な集まりとしての本書の「事例検討会」とは、やや趣旨が違います。また、ケアマネジャーの支援の方法（たとえばケアプランの内容）などを「指導」したり、管理的な意味合いで「検証」したりする方向で開催される場合は、180度趣旨が異なります。後述しますが、本書の「事例検討会」は、支持的（サポーティブ）であることが大きな特徴であり、指導や管理するための検討会ではないことを明言しておきたいと思います。

　いずれにしても、本書で説明する事例検討会の手法は、「個別課題の解決」および「ケアマネジャーの実践力の向上」という趣旨で開催される地域ケア会議である場合は、十分に参考になるものだと考えています。

2 どのように役立つのだろう

事例検討会はケアマネジャーの仕事に役に立つのか、もし役立つのなら、どのように？ そんな問いに答えていきたいと思います。

1 行き詰まり感のある事例を解決するヒントが得られる

ケアマネジメントを進めていると、さまざまな壁にぶつかることがあります。利用者や家族との関係がうまくいかない、利用者の思いがつかめない、利用者と家族の意見の調整がつかない、課題解決の方法がわからない、サービス担当者とチームワークが築けない、複雑な事例で自分の力では手に負えないように思える、自分一人で思い悩んでみてもよい解決策が見つからないといった壁です。

事例提供者は、事例検討会に事例を提出するために、そのような行き詰まり感のある事例を振り返り客観視することができます。これは、援助者としての自分自身を見つめ直すことであり、実践力の向上にとても効果的な作業です。

事例検討会では、複数の参加者たちが知恵を出し合い、壁を乗り越える方法を一生懸命に考えてくれるのです。それは、振り返り作業をしている事例提供者にとって、課題解決のための極めて有力なヒントとなるはずです。

また、事例提供者の行き詰まり感は、同じ仕事をしている者であるがゆえに共感できるものも多く、参加者にとっても大いに参考になることでしょう。

2 未知の事例に出会うことができる

ケアマネジャーの実践力の向上にとって、経験の数を増やすこと、いわゆる場数を踏むことは欠かせません。常に問題意識を持って現場に臨めば、現場での経験ほど身につくものはありません。場数を踏んだケアマネジャーは、利用者の状態像や介護環境などを選ばず、状況の変化にも柔軟に対応することができます。

ところが、ケアマネジャーが一人で担当する事例には限りがあります。在宅

のケアマネジャーなら比較的多い人でも30数件というところでしょう。援助が長期に及ぶことも多く、新しいケースに出会う頻度はそれほど多くありません。また、特に新人の間は、医療ニーズの高い事例や、いわゆる「支援困難事例」を担当させないという事業所もあり、事例のバリエーションもなかなか増えません。そこで役立つのが事例検討会です。

事例検討会では、事例提供者の「経験」を参加者が「疑似体験」できます。まだかかわったことのない病気、障害、家族関係、生活環境を抱える利用者に出会える機会が数多く訪れます。それは、未知の事例との出会いです。未知の事例を疑似体験することで、経験したことのない事例で起こることが想像でき、それを見越した「備え」がわかります。この先に何が待ち構えているのかがわからないと、援助は後手にまわってしまいます。未知の事例との出会いはそれを未然に防ぎ、予測される困難に先手を打つことができるというように、解決方法を事前学習することができます。

3 アセスメントの視野が広がる

ケアマネジメントの質は、アセスメントのよしあしで決まります。アセスメントのピントがずれていると、的を射たケアプランができないばかりか、利用者が主体となった援助を進めることができません。

とはいっても、アセスメントは、既存のアセスメント表を機械的に埋めていけばそれで完了するわけではありません。厚生労働省は指定居宅介護支援における課題分析（アセスメント）の標準項目を提示していますが、それは、必要最小限の項目にしかすぎません。利用者の「暮らし」「生き方」「思い」を支えるためには、広く深いアセスメントが必要になります。

事例検討会は、事例提供者が行ったアセスメントを、参加者の知恵を借りることで、広め、深めていく場でもあります。多職種が参加する場合はもとより、ケアマネジャーの基礎資格もさまざまであり、医療、介護、ソーシャルワークの専門的視点から、さらには、参加者それぞれの知識や趣味などの文化的背景に基づいた質疑応答を通じ、「そういう見方があったんだ」「ここは見逃しがちだな」「そこまで尋ねることで見えてくることがあるんだな」など、アセスメントの視野を広げることができます。

4 アセスメント情報のつなげ方がわかる

　アセスメント情報を広く収集することができても、その後の支援に役立てることができなければ宝の持ち腐れです。いやそれよりも、アセスメントのために必要な情報を入手するだけ、つまり「聞きっぱなし」は、聞き手（ケアマネジャー）の好奇心を満たすだけであり、「聞かないほうがまし」なのかもしれません。収集した情報をどのようにつなげれば、支援に生かすことができるのか。

　事例検討会では、参加者の力を結集して再アセスメントを行い（見立て）、それに基づいて、具体的な対応策を参加者全員で考えていきます（手立て）。その過程で、アセスメント情報をどのように支援に結びつけていけばよいかを学ぶことができます。

5 「利用者理解」に必要なことがわかる

　一人の人間として生活者として利用者を理解することは、人間観、援助観にもつながり、とても深い営みです。利用者がどのような道を歩み現在に至るのか。その間に何を思い、何を感じてきたのか。そのように生きてきた利用者が今、どのような状況にあるのか。「利用者理解」は、すべての事例検討会に共通のテーマです。利用者理解ができなければ、よりよい援助の方法を見つけることはできません。

　事例検討会では、生活歴、病歴、ジェノグラム（家族関係図）、エコマップ（支援関係図）、ADL（日常生活動作）・IADL（手段的日常生活動作）、現在の心身状態、1日の生活などから、利用者のストレングス（強さ・強み）を多面的に描き出し、利用者理解を深めていきます。

　そのために、どのような情報が必要であるのか、情報を生かすために援助者自身にどのような知識や視点が求められるのか、事例検討会では「利用者理解」に必要なことを学ぶことができます。

6 「自己流」を点検できる

　多くの場合、ケアマネジャーは一人で相談援助にあたります。「自分のやり

方で本当によいのだろうか?」と疑問を抱くこともあるのではないでしょうか? 事例検討会はほかのケアマネジャーの仕事の仕方が学べる絶好の機会であり、自分の癖や偏りを知ることができます。

事例提供者のプレゼンテーション、会場で交わされる質問や回答を通じ、「そういうやり方があるのか」「自分とは違う」「これは参考になる」「さっそく自分でも試してみようかな」など、「自己流」を点検し、必要に応じて修正することができます。

もちろん、「今までのやり方でいいんだ」という安心感が得られ、明日からのモチベーションが高まることも少なくないでしょう。さらには、ケアマネジメントをめぐる理論や技法を手に入れることだってできるのです。

7 自分の力を試すことができる

事例検討会は、参加者が質問をしたり、自分の考え方を述べたりしながら進行します。そのなかで、質問力、理解力、推理力、応用力、共感力、プレゼンテーション力など、相談援助職として必要なさまざまな力が試されます。参加者の発言を聞いて、「そこまでは想像できなかったな」「その展開は読めなかったな」など、自分の力の足りなさを痛感し、焦りを覚える場合もあります。

もちろん、最初から力のある人はいません。すべての人は、現場での経験を積み上げながら、研修会に参加したり、自分が行った支援を振り返ったり、さらには、事例検討会に繰り返し参加したりなどすることで力をつけていくのです。そして、そのように力を高めていけば、焦りを覚えていた事例検討会に、余裕を持って参加している自分に気づくことでしょう。その余裕は、力がついてきた証でもあります。

ただし、2017年12月5日に将棋の永世七冠を達成した羽生善治氏が、達成直後の会見で、「将棋そのものを本質的にわかっているかというと、まだまだ何もわかっていないというのが実情」と語っているように、力がついてもなお、事例検討会で学ぶことができるものに限りはありません。

8 仲間の存在に勇気づけられ、ストレスが緩和し、ネットワークづくりだってできる

事例検討会では、どのようにしたら利用者が幸せに向かって歩み始められるのかを精一杯考えます。それは、対人援助職にとって、共通の価値観に基づくものであるといえるでしょう。参加者は、その一員であることを自覚するとと

もに、価値観を共有できる仲間の存在に勇気づけられます。

　もしあなたが事例提供者であれば、事例検討会の持つサポーティブな雰囲気は、ケアマネジャーとしての孤独感やストレスを緩和し、「今までの苦労をわかってもらえた」という自己肯定感につながります。

　事例検討会はまた、困ったときに相談ができ、助け合える仲間のネットワークをつくることができる場でもあります。多職種の検討会であれば、価値観を共有した心強いケアチームのメンバーを探すこともできるでしょう。

事例検討会は
どのように役立つのか
1. 行き詰まり感のある事例を解決するヒントが得られる
2. 未知の事例に出会うことができる
3. アセスメントの視野が広がる
4. アセスメント情報のつなげ方がわかる
5.「利用者理解」に必要なことがわかる
6.「自己流」を点検できる
7. 自分の力を試すことができる
8. 仲間の存在に勇気づけられストレスが緩和し、ネットワークづくりだってできる

3 事例検討会のカタチを眺めてみよう

　事例検討会には、さまざまカタチがあります。そのなかから、認定ケアマネジャーの会がお勧めするカタチを紹介していきましょう。ただし、これは絶対的なものではないので、柔軟なカタチを創意工夫してください。なお、ここでいう「カタチ」とは、どのような人たちが、どのような事例検討会を、どのような流れで行うのかという、事例検討会の輪郭だと思ってください。

1 構成する人たち

1　役割と人数

　司会者（進行役・ファシリテーター）、板書役、事例提供者の役割は欠かせないでしょう。司会者と板書役は兼任することも可能ですが、ほかの参加者は3人以上はほしいところで、全員で5人程度が最低限の人数という感じでしょう。誰もがもれなく質問したり発言したりできる人数は、5〜15人あたりが目安です。

　もちろん、20人を超える規模であっても事例検討会は可能です。大規模な研修の場では、100人を超えることもあるでしょう。そのような場合は、グループワークを組み込むなどして、出席者全員が主体的に参加できるような仕組みが必要となってきます。10人程度で行う事例検討会を、ほかの出席者が傍聴するという形式をとることもできます。

2　メンバー構成

　事例を複数の人で検討するのが事例検討会であり、どのようなメンバー構成にするかで事例検討会の色合いが変わります。

　たとえば、ケアマネジャー同士か多職種か、多職種といっても医療・介護分野までか、行政、司法、教育、消防、警察などまで範囲を広げるか、さらには、市民レベルにまで範囲を広げることも考えられるかもしれません。どこま

で広げるかで、ふさわしいテーマも変わってくるでしょう。

　固定メンバーによる勉強会的なものとするのか、ある程度の馴染みのメンバーが集まる専門職の研修会か、地域を越えて行う公開講座かなどによっても、取りあげるテーマは異なるはずです。

　実践力の向上を図ることを主たる目的とするなら、固定メンバーによる継続的な勉強会形式がもっともふさわしいでしょうし、ネットワークづくり、地域づくりを目的にするのなら、メンバーの職種を広げるほうが効果的でしょう。

　このように、さまざまなメンバー構成が考えられる事例検討会のなかで、本書では、事例検討会がケアマネジャーの実践力の向上に大いに効果的であるという観点から、固定メンバー、または、ある程度の馴染みのメンバーによる継続的な事例検討会の方法を中心に考えていきたいと思っています。また、単発的な事例検討会を開催する場合も、固定メンバーによる継続的な事例検討会でトレーニングを重ねたメンバーが核になって運営するほうが、よい結果が期待できます。

2 準備

　ここでは、事前告知の仕方や場所の選定など、準備の細かなノウハウについては触れません。ただ5点だけ、必ず押さえておいてほしいことを挙げます。

① 開催日時の連絡は、開始時間だけではなく、終了予定時間も必ず明記しておきます。

② 事例内容についての資料は、守秘義務の観点から事前配付を行いません。案内状で事例について触れる場合は、事例のテーマおよび数行の紹介程度とします。

③ 事例提供者は、利用者情報や支援概要などを書き込む「事例検討シート」を作成するとともに、「事例タイトル」と「事例提出理由」を考えます（第3章で詳しく説明します）。これは、当日に参加者に配付するかどうかにかかわらず、とても大切な振り返り作業となります。

④ 事例提供者は、「事例検討シート」を予定されている司会者に事前提出します。スーパーバイザーがいる場合には、スーパーバイザーにも提出します。これにより、司会者およびスーパーバイザーは、当日の進行の事前準備を行うことができます。

⑤ 固定メンバーによる継続的な事例検討会でない場合は、事例提供者と司会者は事前に打ち合わせを行ったほうがよいでしょう。司会者は、事例の提出理由などを確認したり、事例の概要について簡単に説明を受けたりします。

また、事例検討シートに掲載されていない利用者情報で、当日までに比較的簡単に入手できるものがあるのであれば、事例提供者に入手しておいてもらいます。もちろん、そのために事例提供者が利用者宅を訪問して面接を行うなど、利用者負担が増えるようなことは利用者の福利の実現という観点から本末転倒であり、決して行うべきではありません。

　事例検討会は、ライブによる醍醐味が魅力です。入念すぎる打ち合わせは、その魅力を失わせてしまうリスクがあります。ただ、大規模で固定メンバーによらない事例検討会であれば、事例提供者の実践力向上というよりも参加者の研修としての要素のほうが大きくなります。たとえば、「情報が足りないのも事例提供者の現在の実践力」とするだけでは、事例検討会はスムーズに運営できず、その目的を達成することが難しくなります。そればかりか、あまりにも情報が足りなければ、事例検討どころではなくなってしまいます。大規模で固定メンバーによらない事例検討会の場合、ライブによる醍醐味を実現できる範囲での打ち合わせは、事例検討会の質を高めるためにも、ぜひ必要でしょう。

3 プロセス

1　大きな流れ

　事例検討会の進め方は、さまざまな方法で行われていますが、大まかな流れは共通するようです（**図2-1**）。

図 2-1　事例検討会の大まかな流れ

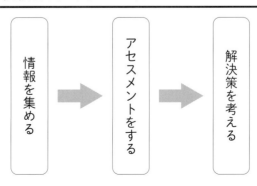

情報を集める → アセスメントをする → 解決策を考える

　お気づきの通り、事例検討会もケアマネジャーの仕事と同じ進め方をするのです。ケアマネジャーが行っているアセスメントやプランニングを、参加者全

員が知恵を出し合いながら行うのが事例検討会だといえるのです。

認定ケアマネジャーの会では、野中猛氏が行っていた「野中方式」の事例検討会をベースにした進め方を推奨しています。実施する際には、メンバーの職種構成やメンバーの熟練度などによりアレンジしてください。

2　標準的なプロセス（野中方式）

野中方式では、情報を集めアセスメントするまでを「見立て」、アセスメントの結果を踏まえ解決策を考えるまでを「手立て」と呼んでいます。これを6段階のプロセスにしてみましょう（**図2-2**）

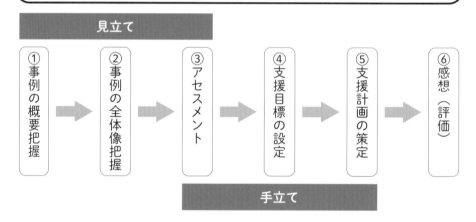

図 2-2　事例検討会のプロセス

プロセスの内容については、第5章と第6章で詳しく見ていきますが、ここでは、流れをつかむために、簡単に説明します。

3　見立て（事例を理解する）

見立てとは、情報を集めながら事例を理解していくプロセスです。

①事例の概要把握
事例提供者が「事例タイトル」「事例提出理由」「基本情報」「支援の経緯」などについてプレゼンテーションを行います。

②事例の全体像把握
参加者や司会者からの「質問」と事例提供者の「答え」を循環させながら利用者理解を進め、事例の全体像を把握していきます。事例検討会のなかでもっとも時間をかけるのが、このセクションです。最初は広く、次第に深く利用者を理解するとともに、事例の全体像をつかむことで、事例の真の課題を追い求

めていきます。

③アセスメント（課題の明確化）

　事例に何が起こっているのか、なぜこのようなことになったのか、その状況を利用者はどう捉えているのか。そうしたなかで焦点を当てるべき課題は何かを考えます。この時点で、事例提供者が考えていた課題と、焦点を当てるべき課題が違っていることが明らかになることがあります。あらかじめ事例提供者がそれに気づき、課題を解決する新たな方法を事例提供者自らが発見することをゴールと設定している場合には、事例検討会の目的は達成され、この時点で「⑥感想（評価）」に飛び、事例検討会を終えます。

4　手立て（解決策を考える）

　手立てとは、見立てに基づき、解決策を考えるプロセスです。

③アセスメント（解決すべき課題の設定）

　手立ては、アセスメントから出発します。解決すべき課題を整理します。

④支援目標の設定

　まずは、課題を解決するためのアイデアを出し合います。次に、事例提出者が、実行できそうなアイデアを選びます。

⑤支援計画の策定

　どのような順序で支援を行っていけばよいかの計画を立案します。利用者本人が行うこと、まわりが行うこと、急ぐこと、急がないことを「十文字表」（第6章で説明）に描くなどして、プランニングを行います。

⑥感想（評価）

　最後に事例検討会についての感想を事例提供者および参加者から話してもらい、事例検討会は終わります。

4 実りある事例検討会にするためのルール

　事例検討会のルールは、相談援助をなりわいとする対人援助職であるケアマネジャーにとって、日常の仕事に臨む際のルールとも重なります。10個のルールを挙げ、それぞれのルールを理由とともに考えていきます。

1　10個のルール

　ルールは、事例検討会を円滑に進めるためだけにあるのではありません。事例検討会に参加するすべての人を傷つけないために、事例検討会の「事例」となったすべての人の尊厳を守るために、対人援助職としての社会的要求に応えるために、そして、実りある事例検討会にするために存在します。まずは、10個のルールをリストアップします。

事例検討会の10個のルール

1. 守秘義務を徹底する
2. 事例に対して敬意を払う
3. 事例提供者に支持的態度で臨む
4. 上下関係を持ち込まない
5. 自分の体験のみで発言しない
6. 一人一問で質問する
7. 指名されたらできるだけパスをしない
8. 質問には自分の意見を交えない
9. 「手立て」を急がない
10. 常に利用者の視点に立つ

2 ルールには理由がある

理由とともに、それぞれのルールを考えていきましょう。

1　守秘義務を徹底する

事例についての秘密を守ることは、対人援助職として最も重要な責務です。私たちは、守秘義務があるからこそ、利用者本人や家族に個人のプライバシーに関することを聞き出すことができるということを肝に銘じておく必要があります。

事例検討会は匿名が原則です。それでも、病名、年齢、家族構成、職歴などから事例を特定できるおそれがあります。事例の内容が外に漏れるかもしれないという不安を抱えていれば、事例提供者は事例について知り得た事実の多くを語ることができません。それでは、事例検討会に霧がかかってしまいます。

事例検討会で配付された資料は持ち帰らない。事例検討会で話された内容は口外しないなど、二重三重の秘密保持を徹底します。

2　事例に対して敬意を払う

事例検討会の参加者全員が「学ばせていただいている」という謙虚な姿勢で臨むことが大切です。これは、利用者の尊厳を徹底して守るという私たちの職業倫理にも通じます。

事例検討会には、社会的規範から外れたように見える利用者が出てくるかもしれません。家族を苦しめたり、逆に、家族から虐待を受けていたりと疑われる場合もあるかもしれません。しかし、事例検討会は、利用者やその周辺の人を審判する場でもなければ、指導する場でもありません。

サービス担当者会議などとは違い、事例検討会への本人や家族の参加は基本的にはありません。それでも、たとえその場に本人や家族がいたとしても、失礼のない検討が行われることを参加者全員が心がける必要があります。

3　事例提供者に支持的態度で臨む

事例検討会で事例提供者は、自分の内面や対人援助職としての自分の至らなさを開示してくれます。事例提供者に支持的（サポーティブ）な態度で臨む理

由は、ここにあります。事例提供者が事例を振り返り、まとめてくれた労をねぎらい、その勇気に最大限の拍手を送りましょう。

事例検討会は、事例提供者の実践をよしあしで判定したり、自分の考えを押しつけたり、「こうすべきだ」と指導したりする場ではありません。「できなかった」という未熟さを指摘する場でもありません。その一点で、一部の地域ケア会議とは方向性が完全に異なります。

また、事例提供者は質問されたとき、確認していないことは「確認していない」と正直に答えます。参加者はそのことを非難してはいけません。

支持的態度で臨み、事例提供者と一緒に課題を探り、解決策への気づきを待ったり、ヒントを考えたりする場が事例検討会であるのです。

4　上下関係を持ち込まない

事例検討会に参加したら上下関係はありません。職場や地域での上司と部下の関係、先輩と後輩の関係、医療分野におけるオーダーを出す者と受ける者の関係などを事例検討会の会場に持ち込まないようにしましょう。

事例検討会では、すべての参加者は対等です。だから、検討が深まります。

5　自分の体験のみで発言しない

人それぞれに事情があります。すべての事例には固有の歴史があります。相談援助職である私たちは、「個別化の原則」を知っているはずです。それは、事例検討会にもそっくりそのままあてはまります。

事例検討会は、自分の体験を披露する場ではありません。一つの成功体験がほかの事例にも通用するわけではありません。事例提供者のかけがえのない事例を一般論に封じ込めないでください。それでは、事例検討会を行う価値がなくなってしまいます。

6　一人一問で質問する

事例検討会は、参加者全員の力を合わせながら、事例の理解を進め、課題解決の策を練るという集まりです。グループダイナミックスにより質問が深まり、課題解決のためのアイデアの精度が高まります。一度に一人でたくさん質問したり発言したりすると、グループダイナミックス効果が出ないばかりか論点すらずれてしまいます。

一人一問で質問することは、できるだけ多くの人に質問や発言ができるよう

にするために必要です。質問の機会は複数回訪れます。あれも聞きたい、これも聞きたいという気持ちを少し抑え、今そのときに最も聞きたいことを質問するようにしましょう。

7 指名されたらできるだけパスをしない

　　全員参加の観点から、指名されたらできるだけ自分の順番を飛ばして次の人に回すといったパスをしないことを心がけましょう。司会者は、挙手が少ないときなどに、席の順番などで質問者を指名することがあります。パスをすることはできますが、それが続くとパスが常態化してしまいます。知りたいことを考えること、質問事項を言語化することも実践力向上の一環です。

　　参加者は、お客さまにも評論家にもならず、主体的に事例検討会にかかわりましょう。利用者をもっと知りたい、事例をもっと理解したいという空気を検討会の会場に充満させましょう。

8 質問には自分の意見を交えない

　　質問を行う時間帯においては、自分の意見を交えないで質問を行ってください。アセスメントの段階になり、意見や考え方を集めたい場合には、司会者がその旨を伝えます。その時が来るまでは、自分の意見を入れた発言は控えます。特に、影響力のある参加者である場合は、時期尚早の見立てや手立てにつながるおそれがあります。

　　意見を述べるときが来たら、他者の批判や非難ではなく、自分としての考え方を堂々と述べてください。なお、事例検討会では、時として司会者から医療や福祉制度など、専門的な知識を求められるときがあります。その際には、知識を全員で共有できるよう、わかりやすく解説してください。

9 「手立て」を急がない

　　手立てを考える前提になるのは、十分な見立てです。事例の理解が進み、焦点を当てるべき課題が明確になって初めて、手立てへとステップを進めることができます。手立てを急がないでほしいのです。間違った手立ては、解決を長引かせるばかりか、時には取り返しのつかない結果さえ招くことがあります。

　　見立てが不十分だと思ったら、今回は手立てを断念するという決断も必要です。また、3　見立て（事例を理解する）（P.52・53）で述べましたが、「課題の明確化」（見立て）を事例検討会のゴールとする場合もあります。

10 常に利用者の視点に立つ

　事例検討会では、見立てに大きな比重が置かれます。見立てには「診断」という意味がありますが、専門職視点で事例を診断するだけではなく、常に利用者の視点に立つことが何よりも大切です。利用者を置き去りにした検討会になっていないかどうかを絶えず意識したいものです。

　「今、利用者はどこにいるのか」に想像を巡らせてください。「利用者本人から見える景色」を理解するための検討会にしていきましょう。そうすれば、本人が本当に必要とする援助のあり方が見えてくるはずです。

3　価値観や文化としてのルール

　今見てきた10個のルールは、事例検討会の価値観であり、文化でもあります。

　批判や非難が飛び交うのではなく、サポーティブな場であること。自分の意見を通すのではなく、他者の声に耳を傾けること。事例に登場する人に敬意を払い、利用者の視点を忘れないこと。利用者の福利（幸福と利益）のために、全員が知恵を出し合うこと。そのような事例検討会であれば、誰もが何度でも参加したくなるはずです。

<引用・参考文献>
1) 野中猛・高室成幸・上原久『ケア会議の技術』中央法規出版、11頁、2007年
2) 上原久『ケア会議の技術2――事例理解の深め方』中央法規出版、18頁、2012年
3) 前掲書1)、14頁
4) 前掲書2)、18頁
5) 野中猛・上原久『ケア会議で学ぶ ケアマネジメントの本質』中央法規出版、46頁、2013年
6) 前掲書5)、72頁
7) 「地域包括支援センターの設置運営について」（平成18年10月18日老計発第1018001号・老振発第1018001号・老老発第1018001号　厚生労働省老健局計画・振興・老人保健課長連名通知）

第 3 章

事例検討シートの書き方

1 どんな事例を提供したらよいか
2 事例タイトルと事例提出理由の考え方、書き方
3 基本情報の考え方、書き方
4 事例検討シートに記入する

1 どんな事例を提供したらよいか

　事例検討会へ事例提供を依頼されると、どんな事例を出したらよいのか悩むことも多いのではないでしょうか。もしも、初めての事例提供なら、自分の支援に自信がないことも手伝い、気持ちが重たくなることもあるでしょう。自分の支援の未熟さを指摘されたくないと、「自分ではよくできた」と思える事例を選んでしまうかもしれません。しかし、事例検討会の大きな目的の一つが「実践力の向上」にあるわけですから、自分の実力を開示せずに自己防御的になってしまうのは、実践力を向上させるせっかくのチャンスを逃してしまうことになります。もっとも、「自分ではよくできた」と思う事例であっても、事例検討会では何らかの気づきを得られるはずではありますが。

　第2章で述べたとおり、事例検討会は、事例提供者の実践をよしあしで判定したり、参加者が自分の考えを押しつけたり、「こうすべきだ」と指導したりする場ではありません。「できなかった」という未熟さを指摘する場でもありません。事例検討会は事例提供者を支持的に迎えてくれる場です。そのことを念頭に置いて、どのような事例を選べばよいのか考えていきましょう。

1 現在進行形の事例

　現在進行形の事例で真っ先に提供事例の候補となるのが、「しんどい（きつい）」と思っている事例です。長い間担当しているけれど停滞を感じる事例もよいかもしれません。新たな展開に差しかかった事例や始まったばかりの事例なども候補になりそうです。

1 「しんどい（きつい）」と感じている事例

　しんどさ（きつさ）は、どこから来るのでしょうか。たとえば、利用者が難病を抱えている、認知症の行動・心理症状（BPSD）が顕著だ、精神疾患がある、アルコール多飲による問題がある、借金問題を抱えている、希死念慮がある、利用者や家族に振り回される、問題が幾重にも重なっているなど、「自分の力量を超えている」と感じる事例が挙げられます。

その他にも、利用者の意思が確認できない、利用者や家族とうまくコミュニケーションがとれない、苦手意識があるといったものから、もっと具体的に、服薬管理がうまくいかない、利用者とヘルパーの相性が悪い、利用者または家族が制度の範囲を超えたサービスを要望するといったものもありそうです。

　日々のケアマネジメント業務のなかで「しんどい」と感じている事例を複数の目で検討すれば、そのしんどさを軽減できる方法が見つかる大きな可能性があります。

2　停滞を感じる事例

　長い間担当しているけれども変化がない事例があります。このままでよいのかどうか？　モニタリングや再アセスメントは機能しているのか？　そんな事例を提出すれば、事例の再検証を行え、停滞の理由を見つけることができます。その結果、停滞していることへの不安感が取り除けるとともに、新たな展開のヒントが得られるでしょう。

3　新たな展開に差しかかった事例

　身体機能や病状の悪化、家族構成の変化、家族介護者の異変などにより支援の見直しが差し迫っている事例は有力な候補です。支援の転換点に差しかかった事例を提供することで、事例提供者は今の自分の立ち位置を確認できるとともに、これからの支援で起こり得ることとその対応策をシミュレーションすることができます。

4　始まったばかりの事例

　待ったなしの退院、前任者からの慌ただしい引き継ぎ、行政や地域包括支援センターからの急な依頼、家族のSOSを受けての支援開始等……。緊急性のある新規事例は、サービス優先で進行していることが少なくありません。サービス優先からニーズ優先にどのように転換していけばよいのか。事例を提供することで初回面接やアセスメントを振り返り、本人や家族を理解するために不足している情報を知り、必要に応じてケアプランの修正を行うなど、これからの支援を考えることができます。

2 終了した事例

　　在宅が困難になり入所した、振り返る余裕がなかった、納得がいかない、どこかで引っかかりを感じている事例などが候補です。自分の支援はよかったのか、よりよい支援の方法があったのではないかなどを事例検討会で振り返ることができます。

　　終了した事例を検討することができるのは、業務の一環であるサービス担当者会議やケアカンファレンス、さらには地域ケア会議での事例検討との大きな違いです。

1　在宅が困難になり入所した事例

　　喜んで施設に入所する利用者はそれほど多くないはずです。それがわかっているがゆえに、在宅が困難になり施設入所に至った事例は、「もっとほかの支援の方法があったのではないか」と思い悩むことも多いのではないでしょうか。事例検討会の参加者の力を借りて、支援を振り返ることができます。

2　振り返る余裕がなかった事例

　　短期間のターミナル支援、予期せぬ急変、心身状態や介護環境の目まぐるしい変化など、立ち止まり、振り返る余裕なく過ぎ去った事例を整理する絶好の機会となります。

3　納得がいかない事例

　　事例のなかには、どうしても納得がいかないままに終了したものもあるかもしれません。なぜ納得できないのか、どこをどうすればよかったのかなどを点検できるのも、事例検討会です。

4　どこかで引っかかりを感じている事例

　　大過なく支援を終えたけれども、何かしっくりせず、どこかで引っかかりを感じている事例があることがあります。引っかかっているものの正体を事例検討会で見つけ出すことができます。

3 事例検討会に提供するのにはふさわしくない場合

　事例検討会では、概ね提供事例を選びません。しかし、現在進行形の事例のうち、すぐに何らかの動きをしないと利用者の生命や財産などに危険を及ぼすような場合は、事例検討会で検討をするよりも先に早急な危機介入が必要です。事例に直接かかわっているケアチームのメンバーを集めてすぐにカンファレンスを開くなどして緊急対応を行います。事例検討会に事例提供を行うのは、危機介入が一段落してからにします。

2 事例タイトルと事例提出理由の考え方、書き方

事例を提供するにあたり事例タイトルと事例提出理由を決めることに難しさを感じる人も多いと思います。まずは、その二つについての考え方、書き方を見ていきましょう。

1 事例タイトルは、事例提供者が考える事例検討会のテーマ

事例タイトルは、事例検討会のテーマです。テーマとは、事例提供者が検討会で検討してほしいことです。「事例タイトル」として1行程度で簡潔に表現します。例示してみましょう。

> **事例タイトルの例**
> ① 在宅ターミナルのケアチームを迅速につくるにはどうすればよかったのか。
> ② サービスの利用を拒否する独居高齢者をどのように支えるか。
> ③ 認知症の利用者の自己決定をどのように支援していくか。
> ④ 認知症が進んだ利用者と妻に対する支援のあり方を考える。

事例検討会に提供する事例を選ぶに際し、事例提供者はその事例に何らかの難しさなどを感じているはずです。事例タイトルは、「その難しさを検討してほしい」という事例提供者から参加者へのメッセージということもできるでしょう。

また、事例タイトルには、多くのケアマネジャーにとって共通の課題が含まれていることがしばしばです。例示した四つのタイトルを見ても、「在宅ターミナルの支援」「独居高齢者の支援」「認知症の利用者の自己決定の支援」「認知症の利用者と家族の支援」といったケアマネジメントにおける永遠のテーマといえそうな要素が含まれています。

2 事例提出理由には、大まかな事例の状況を添える

　事例提出理由とは、たくさんの事例から提出事例を選んだ理由です。先ほど見た「しんどい（きつい）」と思っているからか、停滞を感じているからか、納得がいかないからなのかなど、なぜその事例を選んだのかを、たとえば次のように表現します。

> **事例提出理由の例**
> ①　本人の希望で在宅復帰の準備を進めていたが、退院がかなわず病院で亡くなってしまった。帰ることができるうちに「帰りましょう」と言えなかった自分を振り返りたい。
> ②　本人は独居で身寄りがない。「自分で何でもできるので大丈夫」と話し、サービスの利用を拒否することがある。地域からも心配する声が上がっている。本人らしい生活が続けられるよう、支援の方向性を検討したい。
> ③　認知症の本人と情緒が不安定な息子の二人暮らし。本人は「家で暮らしたい」と言い、息子は「どこか施設に入れてほしい」と言う。本人の自己決定をどこまで尊重すればよいのかを検討したい。
> ④　老老介護の二人暮らし。本人のBPSDが進み、妻の介護負担が重くなってきた。サービスの利用を増やしたいが経済的な限度もある。今後の支援のあり方を考えたい。

　ポイントは、事例の提出理由だけではなく、事例の大まかな状況を添えることです。たとえば、①の例の場合、「帰ることができるうちに『帰りましょう』と言えなかった自分を振り返りたい」だけでは、どのような状況なのかわかりません。そこで、「本人の希望で在宅復帰の準備を進めていたが、退院がかなわず病院で亡くなってしまった」と一文を付け加えれば、どのような状況で起きたことなのかが、ざっくりとわかります。②～④でも、前半が事例の大まかな状況、後半が事例の提出理由になっています。

　細かい点については事例検討会で明らかにしていけばよいわけで、大まかに事例の状況を伝えます。記述の量は、２～４行程度にします。大まかな事例の状況と提出理由がセットで伝えられることで、事例検討会の参加者は、どのようなことを検討していけばよいのかを想像することができます。

　さて、すでにお気づきの読者もいることと思いますが、実は、例示した事例

タイトル①〜④と事例提出理由①〜④は、それぞれ同じ事例につけられたものなのです。事例提出理由のほうが、事例タイトルに比べてより具体的であり、「個別性」が強くなっていることがわかると思います（**表3-1**）。

表 3-1 　事例タイトルと事例提出理由を比べる

	事例タイトル	事例提出理由
記述の分量	1行程度	2〜4行程度
具体性	小	大
個別性	弱	強

3 二つの意味

　事例タイトルと事例提出理由を考え、記述する意味は、参加者に事例検討会で何を検討してほしいのかを伝える「メッセージ性」にあります。ただ、意味はそれだけではなく、事例提供者にとっても、大きな意味があるのです。

　事例検討会は、提供する事例が現在進行形であっても、その時点までの振り返り作業を伴います。振り返りでは、事例を「客観視」しながら、利用者や家族の心の動きを「想像」し、相談援助職である自分自身の心のはたらきや状態を省みる「内省」を行います。

　客観視、想像、内省という三つの作業を反映したものが事例タイトルと事例提出理由です。つまり、自分が事例をどのように捉えているかを表現したものであり、振り返り作業の「言語化」ということができるのです。

　このように、事例タイトルと事例提出理由を考え、記述することは、参加者への「メッセージ性」と振り返り作業の「言語化」の二つの大きな意味があるのです。

4 ふさわしくない言葉

　事例タイトルと事例提出理由には、事例提供者自身の「価値観」や「援助観」が反映されます。その点において、使用する言葉には細心の注意が必要です。五つの視点から考えていきましょう。

1　レッテルを貼らない

　レッテルとは主観に基づいて一方的に評価を行うことです。「わがままな利用者」「頑固な利用者」「自分勝手な家族」「モンスター家族」など、事例提供者の思い込みで利用者や家族にレッテルを貼り、タイトルや提出理由に書き込まないようにします。

　自分一人の思い込みだけではなく、ケアチームのなかで「利用者はわがままだから」とか「家族はクレームが多いね」などという見方が交わされていたとしても同様です。どのような場合であってもレッテル貼りは禁じ手です。一人ひとりの利用者や家族は、そのような薄っぺらなレッテルで表現できるものでないことはご存じの通りです。

　もしあなたが司会者で、そのようなレッテルが記載されたタイトルや提出理由を受け取った場合は、事例提供者に書き直してもらいましょう。利用者や家族にレッテルを貼るという大変に失礼な行いを事例検討会の場に持ち込むことは、絶対に避けなければなりません。

2　自分の価値観を盛り込まない

　たとえば、家族は仲良く協力し合うものという自分自身の価値観を利用者や家族に投影し、「家族関係が悪い」「家族なのに電話一本しない」「介護に協力的でない」などという表現が盛り込まれたタイトルや提出理由を目にすることがあります。ここには、「家族関係はよくあるべきだ」「家族は介護をするべきだ」と決めつける価値観があります。

　家族にはそれぞれの歴史があり、さまざまな事情があります。それは、家族固有の物語。それを理解していれば、他者が安易な価値観で家族をジャッジ（判定）することはとても乱暴であることがわかるはずです。自分の価値観を事例に押しつけてはならず、そのような表現をタイトルや提出理由に含むことはあってはならないことです。

3　根拠のない情報は慎重に

　代表的なのは、医師の診断がない病名や誤った病名を載せることでしょう。たとえば、アルツハイマー型認知症・レビー小体型認知症・血管性認知症などの診断を受けていないのに「認知症」と表記したり、医師が「がんの末期」と診断していないのに「末期がん」と表記したりするなどです。

「虐待」という表現も要注意です。どのような根拠に基づいて虐待と言い切れるのでしょうか。タイトルや提出理由を考える前に自問自答してください。また、「虐待」という言葉は、経験の浅い事例検討会の出席者を思考停止状態に陥らせる危険もあり、ゆるぎのない根拠なしには、「虐待の疑い」という表現であっても使いたくない言葉です。

それらを踏まえたうえで「認知症が疑われる〜」「周囲が虐待だと思っている〜」などと表記するのは、問題提起の意味もあり十分に許容できます。

4　品位のない言葉を使わない

事例検討会は、事例に登場する利用者・家族やその他の人々に「勉強させていただいている」という謙虚な気持ちで臨むことが求められます。当然ながら、タイトルや提出理由にも「品位」が求められます。

たとえば、「さぁどうする！　孤独死一歩手前」「嫁いびりのしっぺ返しを受けている利用者の今後は！」など、安手の雑誌やテレビ番組風のタイトルは、事例検討会の品位を下げてしまいます。

5　守秘義務を徹底する

タイトルや提出理由にも守秘義務は及びます。患者が少ない難病の病名、本人や家族をはじめ事例の登場人物が特定できそうな職業、社会的地位、家柄など、守秘義務に違反しないようにタイトルや提出理由を考えましょう。

5　検討会中の変更もある

ここまで、事例タイトルや事例提出理由の記述の方法について細かく見てきました。「こんなに約束事が多くては、タイトルや提出理由を書く自信がない」と思った人もいるのではないでしょうか。でも、最低限のルールさえ守れば、それほど難しく考える必要はありません。

事例検討シートに記載したタイトルや提出理由は、事例検討会の進行中に変更しても構わないのです。事例検討会の参加者からのサポーティブな質問を受けることで、事例提供者は自分の思い込みや勘違いを自覚することができます。そして、そのことに気づき、タイトルや提出理由を修正しようと思ったときには、よりよい支援の糸口が見つかっていることが少なくありません。

3 基本情報の考え方、書き方

　利用者の基本情報は、「フェイスシート」に該当するものです。まずは、ケアマネジャーが入手する情報をいくつかの視点から考えていきます。

1　主観的情報と客観的情報

　情報を、利用者の「心のはたらき」による「主観的」なものと、「心のはたらき」から独立して存在する「客観的」なものに分けてみます。看護のアセスメント場面でよく使われる情報の分け方です。

> ・主観的情報…患者（利用者）の主訴、痛み・苦痛・不安などの訴え
> ・客観的情報…バイタルサイン、検査データ、排泄物の状態、皮膚の色など、看護師が客観的に把握できるもの

　主観的情報を主観的事実へ、客観的情報を客観的事実へと言葉を置き換えても意味は同じです。では、日常生活の場面で考えてみましょう。
　モニタリング訪問の際、テレビを見ていた利用者が泣いている場面を目撃したとします。
　客観的情報は、「テレビドラマを見て本人が泣いていた」です。
　ケアマネジャーは、「悲しい場面があったのだろう」と思いました。これは主観的情報でしょうか？
　横にいた娘が「ドラマに出ていた俳優が懐かしくて泣いていたようです」と言いました。これは、主観的情報でしょうか？
　「主観的情報」とは、利用者の「心のはたらき」によるものをいいます。利用者の心のはたらきは、利用者本人にしかわからないものであり、ケアマネジャーや娘など、利用者本人以外の人によるものは、「主観的情報」とはいいません。
　そこで、ケアマネジャーは利用者に「何か涙を流すような場面があったのですか？」と尋ねました。すると利用者は涙の理由を次のように説明してくれました。
　「ドラマの内容は、展開が速くてついていけなかったけど、出演している俳

優さんを見ていると歳をとったなぁと思ってね。この俳優さんの若い頃の映画をね、私よく見ていたものだから……。するとなんだか、私の若い頃を思い出して、あの頃は……と思うと今の自分が情けなくてなんだか悲しくなってしまったの」

　これが主観的情報です。ケアマネジャーや娘の見方とは食い違っていることがわかると思います。

　情報の記入にあたっては、客観的情報を中心に記入しますが、主観的情報も欠かせません。治療の場面において患者の痛みの訴えが重要な情報となるのと同じように、利用者の生活場面におけるさまざまな感じ方や考え方は、生活の支援者であるケアマネジャーにとって、とても大切な情報となります。ぜひ本人の話を直接聞き、主観的情報を入手してください。たとえ認知症であっても話すことは十分に可能ですし、認知症が進行するなどして、言語によるコミュニケーションが難しい場合であっても、喜怒哀楽や不安などの表現は十分にできます。それもまた、主観的情報といえるでしょう。

2　一次情報と二次情報

　一次情報と二次情報の区別も大切です。

- 一次情報…自分が見聞きしたもの
- 二次情報…誰かから聞いたもの

　先ほどの「テレビを見て……」でいえば、ケアマネジャーが利用者宅を訪問して「テレビドラマを見て本人が泣いていた」と目撃したものが一次情報です。また、利用者から直接聞いた「……今の自分が情けなくてなんだか悲しくなってしまったの」という言葉も一次情報です。

　もしも利用者宅を訪問せず、娘から「母はテレビドラマを見て泣いていました」と報告を受けたとしたら、それが二次情報となります。

　当然ながら、自分の目と耳で確かめた一次情報のほうが信頼できるのはいうまでもありません。しかも二次情報には、もう一つの落とし穴が待ち構えています。

　利用者本人が泣いていたという場面を娘は直接見ておらず、別の人（たとえば利用者の孫）から聞いた情報かもしれないのです。つまり、情報提供者である娘にとっての二次情報をケアマネジャーに伝えたということも想像できるのです。

　他人から聞いた話や新聞やテレビで見聞きした情報を、自分が直接体験した

情報のように話す人は少なくありません。情報が情報提供者にとっての一次情報か二次情報かを見極めることも大切です。また、一次情報でない場合は、誰が言ったことなのかを明記することが必要です。

なお、自分で見聞きした一次情報であっても、思い込み（先入観）により錯覚（思い違い・勘違い）してしまうことがあることも心にとめておきましょう。

3　記載しない情報

利用者や家族などが特定できる個人情報を記載することはできません。記載する場合は「匿名化」を行います。

個人情報保護委員会・厚生労働省の「医療・介護関係事業者における個人情報の適切な取扱いのためのガイダンス」（平成29年4月14日）では、個人情報の匿名化について「情報に含まれる氏名、生年月日、住所、個人識別符号等、個人を識別する情報を取り除くことで、特定の個人を識別できないようにすることをいう」と定義し、「特定の患者・利用者の症例や事例を学会で発表したり、学会誌で報告したりする場合等は、氏名、生年月日、住所、個人識別符号等を消去することで匿名化されると考えられるが、症例や事例により十分な匿名化が困難な場合は、本人の同意を得なければならない」としています。

事例検討会における事例検討シートの記入においても、ガイダンスの規定があてはまります。

十分な匿名化が難しい場合は本人から同意を得る

4 事例検討シートに記入する

　事例検討シートに記入していきましょう。事例検討シートに知っている情報をすべて記入する必要はありません。「できるだけコンパクトに事例についての情報を伝える」という考え方で、事例検討シートを記入します。「物足りないなぁ」と思えるくらいで大丈夫です。「当日の説明や質疑応答で、事例についての情報を肉付けしていけばよいのだ」と考えましょう。

　シートの様式や活用方法は、事例検討会の主催者で決めてください。参考までに紹介すれば、認定ケアマネジャーの会では、「事例検討シート１」「事例検討シート２」の様式を提供しています。記載する内容は次の通りです。

> ・事例検討シート１…事例タイトル、事例提出理由、利用者情報など
> ・事例検討シート２…支援を開始した経緯、主訴、支援概要など

　両方のシートを配付する場合、シート１だけを配付する場合、または、シートを配付しないということも考えられます。配付する場合には、秘密保持の観点から、当日配付、当日回収を徹底します。

　それでは、ある事例を素材にして、事例検討シートへの記入の仕方を見ていきましょう。事例検討シートは、認定ケアマネジャーの会版（一部改変）を使用しています。

　ある事例とは、父親を長男が介護する現在進行形の事例です。父親の具合が少しでも悪くなると近隣の医療機関に父親を連れて行きます。その回数が週に３～６回とあまりにも多くなり、事例提供者であるケアマネジャーは、回数を減らすことができないものかと悩んでいます。

　ケアマネジャーは、そんな事例を事例検討会で提供することに決め、事例検討シートを作成し、司会者に事前に提出しました。ところが、スーパーバイザーを兼ねる司会者から、いくつかの助言を受けました。その助言を受け、事例提供者は事例検討シートを修正していきました。

1 事例検討シート1を記入する

1 事例タイトルの記入

　　事例提供者は、次のような事例タイトルを考えました。

修正前

> ［事例タイトル］
> 必要のない受診を繰り返させる長男の介護を考える。

　　わずか1行の事例タイトルですが、さまざまな問題があります。
・必要のない受診……誰が必要ないと判断しているのでしょうか。おそらくはケアマネジャーである事例提供者でしょう。医療の専門領域を踏み越えています。
・繰り返させる……長男の行動を非難する気持ちが表れています。言葉遣いにも品位がありません。
・長男の介護を考える……ここでも、長男の行動を問題視する表現が使われています。事例検討会は、自分たちの支援のあり方を考える場であって、利用者や家族を非難したり、指導の方法を考えたりする場ではありません。
　　そこで、事例提供者は次のように修正しました。

修正後

> ［事例タイトル］
> 本人（父親）の受診を頻回に繰り返す父子世帯の支援を考える。

2 事例提出理由の記入

　　事例提供者は次のような事例提出理由を考えました。

修正前

> ［事例提出理由］
> 長男との二人暮らし。本人に何か起こると、長男はその都度、時間を問わずに近所の病院を受診させる。長男へのかかわり方を検討したい。

これにも、司会者からいくつかの助言が入りました。

- 事例タイトルと内容が類似しています。
- 事例タイトルと同じく長男に対する指導的な視線を感じます。
- 長男の行動を変えようとする意図が漂っています。
- 「本人に何か起こると」との記述は、具体性に欠けます。
- 受診の頻度がわかりません。
- 事例の中心であるはずの本人の思い（気持ち）が見えてきません。

そのような助言を受け、事例提供者は事例提出理由を修正しました。

修正後

> ［事例提出理由］
> 長男との二人暮らし。本人が痛みを訴えるほか、食欲がない、便や尿が出ない、微熱があるなどの症状が出ると、長男はどうしてよいかわからなくなり、近所の病院に父親を連れて行く。週3〜6回と頻回で夜間の受診も多い。本人は「痛いとき以外は受診したくない」と希望する。調整の仕方を検討したい。

3 【利用者情報】の記入

ここから先は、修正前と修正後の記入例を要所要所で対比させながら、よりよい記入の仕方を考えていきましょう。なお、修正後の事例検討シート（全体版）については、この章の最後に掲載しています（P.88・89）。

基本情報の記入にあたっては、何よりも正確さが求められます。確認のとれていない情報を記入する際には「未確認」などと但し書きをつけるか、プレゼンテーション（事例の概略の説明）の際に、「確認はできていませんが」などと断ったうえで、情報を掲載した根拠を説明する必要があります。

利用者の仮称

実名はもちろんだめですが、イニシャルも個人を特定できるおそれがあるので、Aさんなどと記載します。

修正前	修正後
利用者の仮称：Y・Kさん	利用者の仮称：Aさん

性別、年齢、世帯状況

　年齢については、現在進行形の事例であれば現時点での年齢、振り返りの事例であれば、検討を行いたい時点での年齢を記入します。生年月日は個人を特定できるおそれがあるので記入しません。

　世帯状況は、同居している家族形態だけではなく、その人数を記入します。たとえば、「独居」「妻との二人暮らし」「長男と同居・二人家族」「娘家族と同居・五人家族」などと記入します。具体的な世帯状況は［家族状況］の欄にジェノグラムで表します。

修正前	修正後
世帯状況：長男と同居	世帯状況：長男と同居・二人家族

要介護認定、障害高齢者の日常生活自立度、認知症高齢者の日常生活自立度

　要介護認定については、要介護度（要支援度）だけではなく、申請中、区分変更申請中なども記入します。

修正前

要介護認定	要介護2
障害高齢者の日常生活自立度	B2
認知症高齢者の日常生活自立度	Ⅱa

修正後

要介護認定	要介護2／区分変更申請を行い要介護1から変更
障害高齢者の日常生活自立度	B2
認知症高齢者の日常生活自立度	Ⅱa

利用者の保険等の情報（医療保険、年金等、障害者手帳、その他）

　年金等には、1か月当たりの年金額がわかれば記入します。また、年金以外の収入があれば、それも記入します。

　障害者手帳は、手帳の種類、総合等級、種別、障害名（個別等級）を詳しく記入します。

　　例）身体障害者手帳：2級1種・右上肢機能障害（4級）・右下肢機能障害
　　　　（2級）

　生活保護を受給していれば、その他の欄に記入します。またその他には、第2号被保険者の場合は特定疾病名、指定難病患者の場合は病名を記入します。

修正前

利用者の保険等の情報	医療保険：後期高齢者医療 障害者手帳：なし	年金等：厚生年金 その他：なし

修正後

利用者の保険等の情報	医療保険：後期高齢者医療 障害者手帳：なし	年金等：厚生年金 　　　　（月額22万円程度） その他：なし

生活歴

　生活歴は、本人の生きてきた歩みです。生まれ、育った場所や環境、学歴、職歴、配偶関係、子育て歴、趣味などを数行程度にまとめます。人生における自慢話を盛り込むとその人らしさが伝わります。事例検討会では、本人像を知るために質問が集まる項目です。「どんな質問が出るのだろう」と想像しながら、事例提供者が知っている事柄のごく一部を記入するという感覚がよいかもしれません。

　病歴については別の項目に記入欄がありますので、生活歴に書き込む必要はありません。ただし、傷病のなかで人生・生活に大きな影響を及ぼしたものがあれば生活歴の欄に記入してもよいでしょう。

修正前

生活歴	生まれも育ちもＢ市。今年の１月に腰の痛みが悪化して入院。腰部脊柱管狭窄の手術。 昭和60年に妻逝去。

⬇

修正後

生活歴	生まれも育ちもＢ市。中学を卒業し地元の有名企業に就職。定年まで勤めた後、子会社へ。65歳まで働く。学校では「皆勤賞」、会社では「精勤手当」をもらい続けたことが自慢。カラオケが趣味。地域ののど自慢大会で何度も入賞。昭和60年に妻逝去。以降、長男との二人暮らし。

家族状況

ジェノグラムで表現します。ジェノグラムとは家族関係図で、利用者の家族を理解するために共通の記号を使って描かれます。下記のように本人を中心にして、少なくとも二親等まで描くようにしたいものです。

・一親等…父母、配偶者、子
・二親等…祖父母・兄弟姉妹・兄弟姉妹の配偶者・孫

わかっている範囲で年齢と居住地をジェノグラムに記載しましょう。また、本人との関係などの情報を持っておくと、家族関係の質問に的確に答えることができます。ジェノグラムに使用する代表的な記号等は次の通りです。

```
ジェノグラムに使用する代表的な記号等
  □ 男性    ○ 女性
  □○ 本人・利用者（記号の中に 86 52 などと年齢を入れることもある）
  ■● 故人（⊠⊗ と記すこともある）
  ══ 婚姻関係（── と記すこともある）
  ╪ 離婚（╱ と記すこともある）
         ┌──┬──┐
         ○  □  □ 子どもは左から年齢順（左が長子、右が末子）
  ┌╌╌┐
  ╎　╎ 同居（破線で囲む）
  └╌╌┘
```

修正前

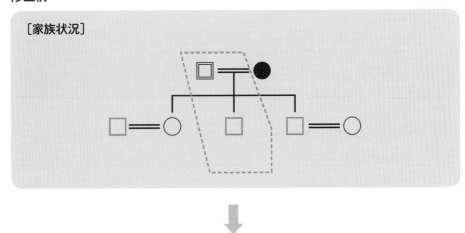

修正後

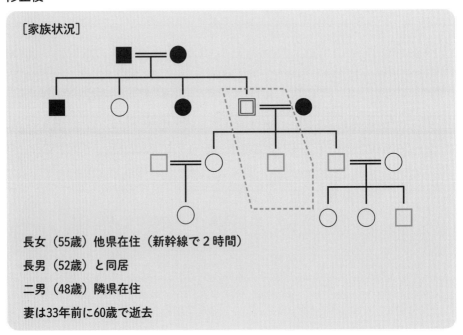

長女（55歳）他県在住（新幹線で2時間）
長男（52歳）と同居
二男（48歳）隣県在住
妻は33年前に60歳で逝去

病歴

　病歴は、既往歴と現病歴に分けて記入します。

　既往歴には、傷病の発症年齢または発症年、手術などを記入します。障害などが残り、現在の生活に影響を及ぼしている場合は、それも記入します。

　現病歴には、加療中の傷病の発症年齢または発症年と簡単な経過を記載します。

　服薬中の薬、服薬によるアレルギー症状、副作用について、事例検討シートに記さない場合であっても、事例検討会で質問があったらすぐに回答できるように把握しておく必要があります。本人のADLやQOLに大きな影響を与えて

いる服用薬があれば薬名を記入しておきます。

　記入には及びませんが、病気の治療に際して、利用者が誰から情報を得てどのように理解したのか、またどんな行動を起こしたのかなどを押さえておくと、病気に対して向き合う力を想像することができます。

修正前

| 病歴 | ［既往歴］
肺気腫、胃潰瘍、前立腺肥大症、白内障 | ［現病歴］
腰部脊柱管狭窄症、低ナトリウム血症 |

修正後

| 病歴 | ［既往歴］
肺気腫・70歳、胃潰瘍・78歳、前立腺肥大症・79歳、白内障・80歳／左右眼手術 | ［現病歴］
腰部脊柱管狭窄症・86歳／服薬治療後、手術入院3週間で退院、リハビリ通院中。低ナトリウム血症・86歳／1週間入院 |

ADL、IADL

　すべてを網羅する必要はありません。日常生活に影響があると思われる項目をピックアップします。「一部介助」「全介助」の表現だけではなく、具体的な動作内容を簡潔に記入します。「できるADL（日常生活動作）」と「しているADL」も押さえておきましょう。IADL（手段的日常生活動作）も同様です。

修正前

| ［ADL］
移動：室内歩行器使用
食事：ほぼ自立
排泄、入浴、更衣：一部介助
その他：睡眠不良 | ［IADL］
家事：全介助
服薬管理：ほぼ自立
金銭管理：自立
電話：使用しない |

修正後

```
［ADL］                              ［IADL］
移動：室内は歩行器、室外は車いす      炊事・洗濯：長男　　掃除：ヘルパー
食事：促しが必要。                    服薬管理：飲み忘れがある
　　　食欲、口渇感ない                　　　　　　（特に夕方分）
排泄：トイレ使用、間に合わずに失      金銭管理：自立
　　　禁ある                          外出：願望はあるがしていない
入浴：ヘルパーが浴槽出入りと更衣      電話：携帯を保持。発信はしない。着
　　　を介助                          　　　信時は時間をかければ会話がで
更衣：通常の更衣は長男が介助          　　　きる
その他：トイレが気になり睡眠不良
```

利用しているサービス

　サービス内容や頻度も簡単に記入します。利用目的などで、特に伝えたいことがあれば記入します。すべてのサービスについて、利用の根拠や目的などは口頭で説明できるようにしておきます。インフォーマルサービスがあれば記入します。

　記入には及びませんが、サービスの利用についての本人の思いも事例検討会での質問に答えられるようにしておくとともに、1日の生活リズムや1週間、1か月のスケジュールも把握しておきます。

修正前

```
［利用しているサービス］
訪問介護：週2～3回、入浴介助、掃除、通院介助
通所介護：週1回
訪問看護：週1回
福祉用具：歩行器、車いす（同付属品）、特殊寝台（同付属品）
```

修正後

```
［利用しているサービス］
訪問介護：週2～3回、入浴介助（1回）、掃除（1回）、通院介助（予約時）
通所介護：週1回、長男の介護負担軽減の目的（ショートステイも検討中）
訪問看護：週1回、バルーンカテーテル管理など
福祉用具：歩行器、車いす（同付属品）、特殊寝台（同付属品）
```

利用者・家族の意向および援助の目標

　誰の意向なのか（誰が言っているのか）をわかるように記入します。

　要介護状態であることをどう捉えているのか、治療やリハビリに対してどのように向き合おうとしているのか、サービスを利用してどのような生活を送りたいと考えているのかなどを記入します。

　利用者・家族の意向は、利用者や家族の「個別性」を表すことができる項目です。できるだけ発言者の「思い」がわかるような個別性がうかがえる意向を記入したいものです。

　援助の目標についても同様です。抽象的な一般論ではなく、具体的な目標を含めて記入します。

修正前

［利用者・家族の意向および援助の目標］
本人：腰の痛みを治して、入院前と同じ生活をしたい。
家族：本人に長生きしてほしい。
援助の目標：必要のない受診をしないで、落ち着いた暮らしを送る。

修正後

［利用者・家族の意向および援助の目標］
本人：こんな状態ではどこにも行けない。腰の痛みを治して、自分で動けるようになり、以前のようにカラオケや老人クラブに行きたい。
家族（長男）：本人に長生きしてほしい。自分が介護できないところを手伝ってほしい。
援助の目標：自由に自宅内を移動できるようになる。腰の状態がよくなれば、外出するための方法を一緒に考える。

2 事例検討シート2を記入する

1 【インテーク】の記入

インテークには、「支援を開始した経緯」と「主訴（相談内容）」を記入します。

支援を開始した経緯

「支援を開始した経緯」は、支援を開始するに至るまでの経緯です。どこからどのように紹介されたのかなどを記入します。たとえば、地域包括支援センターや医療機関からの紹介であれば、そこまでの経緯を紹介機関からの情報と合わせて記入します。紹介機関を経ずに直接相談に来た場合は、どこで当事業所を知ったのか、誰が相談に来たのか、相談に来た理由などを記入します。また、本人の状況も欠かさずに押さえたいところです。

最初、事例提供者は「支援を開始した経緯」を次のように記入しました。

修正前

> ［支援を開始した経緯］
> 地域包括支援センターからの紹介。担当ケアマネジャーの交代を希望。同居の長男は意思疎通が困難なため長女がキーパーソンで支援開始。後日、長男は意思疎通ができることが判明。区分変更申請中。

さまざまな点が不明瞭です。
・地域包括センターに相談したのは誰なのでしょうか？
・担当ケアマネジャーの交代を希望とは、どのようなことなのでしょうか？
・誰がどのように長男は意思疎通困難だと判断したのでしょうか？
・その後、意思疎通ができると判明したいきさつ、および長男のコミュニケーション能力はどうなのでしょうか？
・利用者本人の状況はどうなっているのでしょうか？
・区分変更申請は、なぜ行ったのでしょうか？

そこで次のように修正をしました。

修正後

[支援を開始した経緯]
地域包括支援センターから紹介。
長女が地域包括支援センターへ担当ケアマネジャーを代えたいと相談した。この時「同居の長男は意思疎通が困難なため自分が来た」と言ったという。本人は脊柱管狭窄症で入院中。長女の話によると「認定調査にケアマネジャーが立ち会ってくれないので要介護度が軽く認定されると本人が言っている」らしい。その他にも、利用料金関係で行き違いがあったそうだ。
入院中の病院で本人と長男に面接。長男は、説明を丁寧にすれば話の内容を理解し、判断もできることがわかる。本人も話が堂々巡りになる傾向があるものの、時間をかければ意思決定ができることがわかる。
この初回面接で、本人と長男の了解を得て支援を開始する。
本人の希望により、区分変更を申請する（当時は要介護1）。

主訴（相談内容）

主訴（相談内容）についても修正を行いました。

修正前

[主訴（相談内容）]
ケアマネジャーを信頼できないので変更したい。今まで来てくれていたヘルパーのサービスは続けたい。

修正後

[主訴（相談内容）]
本人：ケアマネジャーを信頼できないので変更したい。介護保険の調査（認定調査）に立ち会ってくれずに要介護度が低く出ている。そのため、車いすと介護ベッドは自費で払っている。
家族（長男）：今まで来てくれていたヘルパーのサービスは続けたい。

　修正前は、誰が何を言っていたのかわからなかったので、修正版では整理し、具体的な訴えも掲載しました。なお、地域包括支援センターに相談に行った長女が言ったという本人の「要介護度が軽く認定される」などの発言は、本

人から直接聞いた「主観的情報」ではないうえに、事例提供者自身が見聞きした「一次情報」ではないので、主訴とはなりません。主訴には、「主観的情報かつ一次情報」を記入するようにします。それ以外でこの欄に記入しておいたほうがよいと思われる場合は、たとえば「○○からの情報によると」などと但し書きをつけておきます。

2 【支援概要】の記入

インテーク後の支援概要を記入していきます。たとえば、居宅サービス計画書標準様式の第5表「居宅介護支援経過」に記録した内容を参考にしながら記入する方法がよいかもしれません。ただし、事例検討シートは、一連のケアプランと違い「公文書」ではありません。あくまで事例検討会の資料とするもので、以下の点がポイントです。

> 事例検討会に提出する支援概要の記入ポイント
> ・インテーク後の流れを追う形にするとわかりやすい。
> ・事例の展開に必要と思われる事項だけに絞り込む。
> ・第三者が見てもわかりやすい内容にする（ケアプランの支援経過記録よりも詳しい説明が必要なこともある）。
> ・客観的情報だけではなく、主観的情報（利用者の訴えや思いなど）を積極的に盛り込む。
> ・一次情報と二次情報の区別を明確にする。
> ・事例の流れを振り返りながら記入する（振り返り作業に意義がある。支援経過記録を単純に要約するだけではない）。
> ・振り返りながら気づいたことがあれば、事実情報ではないことを明確にしたうえで、記入してもよい。
> ・匿名化を徹底する。

では、具体的に見ていきましょう。事例提供者が最初に提出した支援概要に対して、司会者が助言をした部分にはⒶ～Ⓖまでの記号を振ってあります。

なお、事例概要は○月○日というように日を追って記入する方法を紹介していますが、一定の援助期間の出来事を要約して記入する方法もあります。

修正前

   入院中に訪問介護の利用を決め、退院後すぐに利用を開始する。Ⓐ
○月○日 退院。
○月○日 腰の痛みを繰り返し訴える。長男が「訪問介護の回数を増やしたい」と希望するが実現できない。Ⓑ
○月○日 トイレでの転倒があり、緊急受診する。受信後リハビリ通院を開始する。Ⓒ
○月○日 食事が少なくなったなどの理由で受診することが多くなる。長男が疲れているため訪問介護の追加や、デイサービスの利用を提案し、本人は利用してもよい様子と思われる。ところが今度は長男が拒否。在宅生活の続行を念頭に置いた話し合いの結果、デイサービスの利用と訪問介護の回数を増やすことが決まる。Ⓓ
○月○日 デイサービス開始（週1回）。Ⓔ
○月○日 昨夜、入院したとの情報が入り病院を訪問する。低ナトリウム血症と診断。残尿があったらしくバルーンカテーテルを挿入。看護師と面談。Ⓕ
○月○日 デイサービスを訪問し相談員と面談。バルーン利用についてのサービス利用の確認を行う。退院後すぐにデイサービスの利用再開が可能となる。退院後の訪問看護の利用も決まる。Ⓖ
○月○日 退院。

　この記入内容について、司会者からは次のような助言がありました。

Ⓐ…サービスの内容や利用回数を記入すると支援内容がイメージしやすくなります。

Ⓑ…痛みの訴えについて主観的情報を具体的に記入します。長男が「訪問介護の回数を増やしたい」と言った理由や実現ができなかった理由を記入します。

Ⓒ…情報の入手先、緊急受診をした際の病院までの搬送方法、診断結果、リハビリ通院を開始した理由とその回数を追加記入するなど、事実関係を明記します。

Ⓓ…「食事が少なくなったなど」とありますが、どのように食事が少なくなったのでしょうか。また、ほかの受診理由はありますか。多くなったという受診の頻度、受診についての本人と長男の思い、デイサービスの開始と訪問介護の回数増加にたどり着くまでの経緯を記入します。

Ⓔ…訪問介護の回数も増えたはずなので、日付、訪問介護のサービス内容などを記入します。

Ⓕ…バルーンカテーテル挿入に至る具体的理由、バルーンカテーテル留置についての本人の思いや、カテーテル管理についての長男の考え方の情報があれば、それらを記入します。また、看護師との面談内容、退院の見通しなども記入します。
　Ⓖ…デイサービス利用を再開できることについての本人の思い、退院に向けた準備、訪問看護利用についての経緯などを記入します。
　修正後の記載内容については、事例検討シート2（P.89）で確認してください。

3　【追加情報】の記入

　ここまでの事例検討シートに記入していないもので、事例検討に役立つと思われる情報を「追加情報」として記入します。たとえば、利用者の生活歴に関すること、家族介護者および家族関係で記載したほうがよいことなどを箇条書き形式などで記入しておきます。
　追加情報といえども事例提供者にわかりやすく伝えることが大切です。司会者の助言を受け、次のように修正しました。

修正前

【追加情報】
・長女が実家に帰るのは年に2回程度。
・長男は勤めに出てもすぐに辞めて続かないらしい。
・二男夫婦がほぼ2か月ごとに実家を訪問する。

修正後

【追加情報】
・他県に嫁いだ長女は、義母を介護しており、実家に帰るのは年に2回程度。帰るときは、義母をショートステイに預ける。
・長女は、「長男は勤めに出てもすぐに辞めて続かない」とも言ったらしいが、これについては確認できていない。
・隣県に住む二男夫婦がほぼ2か月ごとに実家を訪問する。夏休みなどは孫たちが遊びに来る。本人も長男も楽しみにしている。
・本人は、5年前まで地域の老人クラブの会長と氏神の神社の世話役を務めていた。

＊

　以上、「提出事例の書き方」を見てきました。本人や家族の思いを含め、多くの情報を入手しておくことが何よりも大切です。とはいうものの、「思うように情報が入手できない」という場合もあるかと思います。そのようなときには、「情報の入手の難しさ」を事例検討会のテーマにしてもよいかもしれません。また、掲載する情報が少なく、いわゆる「穴だらけの事例検討シート」であっても、どのような情報をどのように入手すればよいのかのヒントを、事例検討会ではプレゼントしてくれるはずです。ここまでに紹介した「提出事例の書き方」を参考にして、あなたの支援の状況が事例検討会の参加者に少しでも伝わるような事例検討シートを作成してください。なお、前述したように、事例検討シートを用いない事例検討会の開催も可能です。

事例検討シート1(修正後)

事例提出者氏名		所属機関	
		■居宅　□施設　□包括　□その他（　　　　）	

事例提供者の状況	介護支援専門員としての実務経験年数	介護支援専門員以外の保有資格	本事例の担当機関
	2年2か月	介護福祉士	約3か月

[事例タイトル]
本人（父親）の受診を頻回に繰り返す父子世帯の支援を考える。

[事例提出理由]
長男との二人暮らし。本人が痛みを訴えるほか、食欲がない、便や尿が出ない、微熱があるなどの症状が出ると、長男はどうしてよいかわからなくなり、近所の病院に父親を連れて行く。週3〜6回と頻回で夜間の受診も多い。本人は「痛いとき以外は受診したくない」と希望する。調整の仕方を検討したい。

【利用者情報】

利用者の仮称：Aさん	性別（男）	年齢（86歳）	世帯状況：長男と同居・二人家族
要介護認定	要介護2／区分変更申請を行い要介護1から変更		
障害高齢者の日常生活自立度	B2		
認知症高齢者の日常生活自立度	Ⅱa		

利用者の保険等の情報	医療保険：後期高齢者医療 障害者手帳：なし	年金等：厚生年金・企業年金（月額22万円程度） その他：なし

生活歴	生まれも育ちもB市。中学を卒業し地元の有名企業に就職。定年まで勤めた後、子会社へ。65歳まで働く。学校では「皆勤賞」、会社では「精勤手当」をもらい続けたことが自慢。カラオケが趣味。地域ののど自慢大会で何度も入賞。昭和60年に妻逝去。以降、長男との二人暮らし。	[家族状況] 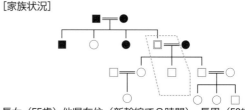 長女（55歳）他県在住（新幹線で2時間）、長男（52歳）と同居 二男（48歳）隣県在住、妻は33年前に60歳で逝去
病歴	[既往歴] 肺気腫・70歳、胃潰瘍・78歳、前立腺肥大症・79歳、白内障・80歳／左右眼手術	[現病歴] 腰部脊柱管狭窄症・86歳／服薬治療後、手術入院3週間で退院、リハビリ通院中。低ナトリウム血症・86歳／1週間入院

[ADL] 移動：室内は歩行器、室外は車いす 食事：促しが必要。食欲、口渇感ない 排泄：トイレ使用、間に合わずに失禁ある 入浴：ヘルパーが浴槽出入りと更衣を介助 更衣：通常の更衣は長男が介助 その他：トイレが気になり睡眠不良	[IADL] 炊事・洗濯：長男　　掃除：ヘルパー 服薬管理：飲み忘れがある（特に夕方分） 金銭管理：自立 外出：願望はあるがしていない 電話：携帯を保持。発信はしない。着信時は時間をかければ会話ができる

[利用しているサービス]
訪問介護：週2〜3回、入浴介助（1回）、掃除（1回）、通院介助（予約時）
通所介護：週1回、長男の介護負担軽減の目的（ショートステイも検討中）
訪問看護：週1回、バルーンカテーテル管理など
福祉用具：歩行器、車いす（同付属品）、特殊寝台（同付属品）

[利用者・家族の意向および援助の目標]
本人：こんな状態ではどこにも行けない。腰の痛みを治して、自分で動けるようになり、以前のようにカラオケや老人クラブに行きたい。
家族（長男）：本人に長生きしてほしい。自分が介護できないところを手伝ってほしい。
援助の目標：自由に自宅内を移動できるようになる。腰の状態がよくなれば、外出するための方法を一緒に考える。

資料：日本ケアマネジメント学会　認定ケアマネジャーの会様式　シートNo.3（一部改変）　転用禁止

事例検討シート2（修正後）

提出者氏名（　　　　　　　　）

【インテーク】

年月日	○年　○月　○日	来談者	事例提供者（担当ケアマネジャー）	方法	病院での面接

[支援を開始した経緯]
地域包括支援センターから紹介。
長女が地域包括支援センターへ担当ケアマネジャーを代えたいと相談した。この時「同居の長男は意思疎通が困難なため自分が来た」と言ったという。本人は脊柱管狭窄症で入院中。長女の話によると「認定調査にケアマネジャーが立ち会ってくれないので要介護度が軽く認定されると本人が言っている」らしい。その他にも、利用料金関係で行き違いがあったそうだ。
入院中の病院で本人と長男に面接。長男は、説明を丁寧にすれば話の内容を理解し、判断もできることがわかる。本人も話が堂々巡りになる傾向があるものの、時間をかければ意思決定ができることがわかる。
この初回面接で、本人と長男の了解を得て支援を開始する。
本人の希望により、区分変更を申請する（当時は要介護1）。

[主訴（相談内容）]
本人：ケアマネジャーを信頼できないので変更したい。介護保険の調査（認定調査）に立ち会ってくれずに要介護度が低く出ている。そのため、車いすと介護ベッドは自費で払っている。
家族（長男）：今まで来てくれていたヘルパーのサービスは続けたい。

【支援概要】

	入院中に訪問介護の継続利用（週1回）を決め、退院後すぐに利用を開始する。サービス内容は居室の掃除。
○月○日	退院。
○月○日	「腰が痛い。こんな目に遭うくらいなら死んだほうがまし」と繰り返す。長男が入浴の介助をしているが入院前に比べて父親の足腰が弱り「風呂に入れるのが怖くなった」と言う。「訪問介護の回数を増やしてヘルパーにやってもらいたい」と希望するが、本人はお金がかかるからと利用を拒み実現できない。
○月○日	トイレでの転倒があり、長男が車いすを押して緊急受診する（歩いて20分程度、受診の情報は病院より）。受診の結果は打撲で骨折はなし。主治医に「退院後ずっと腰が痛い」と訴え（主治医談）、リハビリ通院を開始する（週1回）。リハビリ通院は、長男が車いすで送迎。
○月○日	腰痛の訴えのほか、食事が少なくなったとの理由で受診することも多くなる。長男は、「今までの半分も食べなくなった」と言う。ほかに、「便が出ない」「おしっこが出ない」との理由でも受診する。痛みを感じるとき以外は、本人は受診を希望しないが、長男が「お願いだから病院に行ってほしい」と頼み込み、無理にでも通院するらしい（病院の担当看護師からの情報）。週に3回程度だが6回に及ぶこともある。入浴介助に加え、通院の介助も増え、長男の疲労が顕著になっているとケアマネジャーは判断し、訪問介護の追加に加え、デイサービスの利用を提案した。「ご長男が倒れたら自宅での生活は不可能になりますよ」と言うと、本人は、「それは困る」と提案を受け入れる意思を示す。ところが今度は「あんなところには行かせたくない」とデイサービスの利用を長男が拒否。その後、在宅生活の続行を念頭に置いた話し合いの結果、デイサービスの利用と訪問介護の回数を増やすことが決まる。
○月○日	デイサービス開始（週1回）。昔馴染みも利用しているそうで、本人は「楽しみが増えた」と話す。訪問介護については、この3日前から入浴介助が始まり、定期的な通院介助についてもヘルパーが行うことになった。
○月○日	「昨夜、入院した」との情報が病院から入り病院を訪問する。低ナトリウム血症と診断。膀胱に1000ccの貯留がありバルーンカテーテルを挿入。同情報は、担当の看護師から入手。その他、看護師との面談の結果、ナトリウム値が回復すればすぐに退院できることや、退院後のカテーテル管理については、長男が意欲を見せているとの情報を得る。本人は睡眠中、長男は病院には不在。
○月○日	デイサービスを訪問し相談員と面談。バルーンを留置していてもサービス利用が可能かを確認。退院後すぐの利用再開が可能となる。そのことを本人に報告すると、笑顔で「ありがとう」と言われた。長男はカテーテル管理の手技の指導を病院で受ける。看護師によると手技の覚えはよいとのこと。訪問看護の利用提案が看護師からあり、本人も承諾。
○月○日	退院。

【追加情報】

- 他県に嫁いだ長女は、義母を介護しており、実家に帰るのは年に2回程度。帰るときは、義母をショートステイに預ける。
- 長女は、「長男は勤めに出てもすぐに辞めて続かない」とも言ったらしいが、これについては確認できていない。
- 隣県に住む二男夫婦がほぼ2か月ごとに実家を訪問する。夏休みなどは孫たちが遊びに来る。本人も長男も楽しみにしている。
- 本人は、5年前まで地域の老人クラブの会長と氏神の神社の世話役を務めていた。

資料：日本ケアマネジメント学会　認定ケアマネジャーの会様式　シートNo.4（一部改変）　転用禁止

第 4 章

事例検討会をはじめよう!

1 実施場面における事例検討会の特徴
2 一つの事業所で実施する事例検討会
　　——準備〜進め方
3 地域包括支援センターが実施する事例検討会
　　——準備〜進め方
4 他事業者と共同して事例検討会を実施する場合

1 実施場面における事例検討会の特徴

　事例検討会は、ケアマネジャーにとってケアマネジメントを理解し、スキルを高めるために大変有効な手段であることから、実務研修をはじめとする法定研修に位置づけられています。また、事業所内で行ったり、地域包括支援センターが主催したりなど、さまざまな場面で実施されています。

　この章では、実際に事例検討会を行うにあたって、どのような準備が必要で、どのように進めていけばよいのかを、実施場面別に考えてみたいと思います。

　実施場面としては、一つの事業所で実施する場合と、地域包括支援センターが実施する場合を例示します。また、他法人が運営する居宅介護支援事業所と共同して事例検討会を実施する場合の留意点を整理します。

　まずは、実施場面における事例検討会の特徴を見ていきます。

1 一つの事業所で実施する事例検討会の特徴

　一つの事業所内で実施する事例検討会は、居宅介護支援事業所に複数のケアマネジャーが所属している場合などに開催するものです。多職種が参加する形を選択することもできます。

　ほかの事例検討会に比べて、比較的小規模であることや、研修的要素が強いこと、事例検討会としては例外的に事例を匿名化しなくてよいなどの特徴があります。

　熟練のケアマネジャーがファシリテーター（司会者）やスーパーバイザーの役割を担って実施することで、経験の浅いケアマネジャーの育成を図るうえで大変有効な手段となります。

　事業所内における事例検討会の強みは、馴染みの関係のなかで臆せずに発言ができることに加え、同じ参加者で繰り返し検討ができることにあると思います。つまり、回を重ねるにつれて、事例検討会の精度を上げていくことができるのです。

ファシリテーターについて

前章までは、「司会者」という言葉を使ってきましたが、この章では、司会進行を担う人を「ファシリテーター」と呼称することにします。

「ファシリテーション」とは、会議やグループなどの集団活動が円滑に進み、成果が上がるように支援することであり、ファシリテーションを行う人をファシリテーターといいます。

大人数が参加する研修会などで行う事例検討会の場合は、小グループごとにファシリテーターがつき、全体の司会者と役割を分けることがありますが、一般的な事例検討会では、司会者がファシリテーターの役割を兼ねます。

よってこの章では、事例検討会が目的を達成するために「見立て」や「手立て」を支援する司会者が、ファシリテーターとしての役割を担うものであると考えます。

実際の事例検討会では、司会者とファシリテーターを厳密に使い分けているわけではないのが現状で、本書でも柔軟に呼称していこうと考えています。

第4章 事例検討会をはじめよう！

ファシリテーターは司会進行のほかスーパーバイザーの役割を担うことも

2 地域包括支援センターが実施する事例検討会の特徴

　地域包括支援センターは、すべての保険者に設置されており、主に介護予防ケアマネジメントをはじめとする介護予防支援業務と総合相談支援や包括的・継続的ケアマネジメント支援などの包括的支援業務を担っているのはご存じの通りです。

　このうち、地域のケアマネジャーに対する「包括的・継続的ケアマネジメント支援」に事例検討会が活用されています。たとえば、研修の一環として、地域のケアマネジャーが支援困難とする事例を取り上げて事例検討会を開催するなど、地域のケアマネジメント機能を向上させる取り組みに事例検討会が活用されています。

　また、地域包括支援センターが主催する「地域ケア会議」の個別ケースの検討会としても位置づけられる場合が多く、個別ケースの検討を積み重ねることによって、地域に共通する課題を把握する役割を担っています。地域ケア会議の場合は、ケアマネジャーだけではなく、多職種が参加する形をとります。

　いずれの場合もケアマネジャーが直面している「支援困難事例」を題材としてテーマ設定する場合が多く、次のようなテーマが題材に選ばれたりします。

> **支援困難事例を題材にした事例検討会のテーマの例**
> ・虐待に地域でどのように対応するか。
> ・認知症の人を地域でどのように支えるか。
> ・悪質商法からどのように高齢者を守っていくのか。
> ・一人暮らしの人の孤独死にいかに対応していくか。
> ・高齢者の介護予防をどのように進めるか。

　このような取り組みは、ケアマネジャーのケアマネジメントの実践力を高めるとともに、多職種が参加する場合は多職種の協働を促進する原動力にもなりますので、地域包括ケアシステムにおけるネットワークの構築を図っていくうえで有効な取り組みであるといえます。

　併せて、地域ケア会議の場合は、地域に不足している社会資源の開発や地域課題の解決のために必要な人材の育成など、新たな仕組みづくりや政策形成などにつなげていくことが期待されています。なお、本人・家族が参加し、援助にかかわる当事者とともに地域ケア会議を開催することを原則とする地域もあります。

2 一つの事業所で実施する事例検討会
——準備〜進め方

　事業所で実施する事例検討会は、業務時間内に開催することが一般的であり、時間が限られるという一面もあります。このため、時間不足で何の結論も得られなかったというようなことがないよう、所定の時間内で何らかの成果を上げること、それを毎回積み重ねていくことが不可欠です。

1 事例検討会の準備

　一つの事例には、多くの課題が含まれています。短時間で効率的な検討を行うためには、ファシリテーターが事例の提出者から事前に聞き取りを行うなど、事例の内容をあらかじめ把握して、検討を行うテーマやポイントなどの設定をしておくことが有効です。

1　検討事例の抽出

　事業所内で検討を行う事例は、ケアマネジャーが実務のなかで対応が困難と感じた事例や、指導的な立場にある主任ケアマネジャーが事業所内で共有しておきたいテーマ（認知症、医療連携等）の事例などが考えられます。
　情報共有を行うための資料として、アセスメントシート、ケアプラン、居宅介護支援経過記録、サービス担当者会議の要点等の写しなど、日常業務で実際に使用しているシート類が挙げられます。ただしコピーを使用することになりますので、使用後は回収しシュレッダーにかけて廃棄します。なお、事業所内のみの使用となることから、特例的に個人情報を匿名化する必要はありません。

2　スケジュールの確保

　ケアマネジャー全員が出席できるよう、月間の行事予定表にあらかじめ組み込むなどしてスケジュールを確保します。
　1回あたりの時間設定については、業務中に行うことからできるだけ短時間

で効率的な進行を行うことが望ましいでしょう。地域ケア会議や法定研修等では、一般的に90分から150分程度を要しますが、事業所内では40分から60分程度あれば実施可能であると思います。

3　役割分担

　　事例提供者と事例検討会を進行するファシリテーターを選定します。
　　事例の提供は、誰が行っても構いませんが、ファシリテーターについては、一般的には指導者的な立場の主任ケアマネジャー等が担うこととなります。ただし、主任ケアマネジャー資格等の取得を目指す中堅のケアマネジャーがスキルアップを目的としてファシリテーターの役割を担うことは、事業所の人材育成を図るうえで意義があると考えます。

4　場の確保

　　参加者全員が机に着席して協議できるスペースを確保します。
　　居宅介護支援事業所内でスペースを確保できない場合で、たとえば所属法人が運営するデイサービスが隣接しているときは、営業時間外にそのスペースを活用するとよいと思います。
　　参加者の着座位置については、少人数の場合、ファシリテーターの位置を含めてあまりこだわる必要はありません（**図4-1**）。

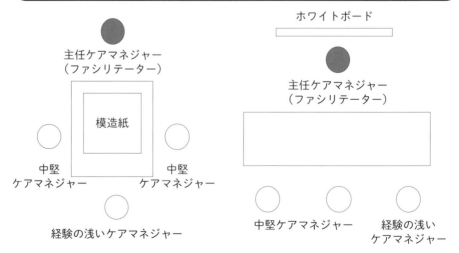

図4-1　着座位置の例

5　ホワイトボード等の準備

　　参加者の発言や指導者の助言等を文字やイラストを使ってわかりやすく表現することは、相互理解や合意形成を図るうえで大変有効です。このため、ホワイトボードや模造紙（少人数であればＡ３用紙でも十分）と一緒に３色程度のマーカー（紙であればサインペン）などの筆記具を準備しておくとよいと思います。

2　事例検討会の進め方

　　事例検討会の進め方は第２章で概説しています。この章では、実施場面に応じた進め方を加味して説明していきます。

1　事例のテーマ等の説明

　　ファシリテーターが、事例提供者との打ち合わせをもとに、今回の事例検討会はどのようなテーマで行い、何について検討したいのかを示します。

　　続いて、事例検討会における「ルール」を全員で確認します。このルール確認は極めて重要で、次のようなルールを定め、文字にして掲示したり、毎回声に出したりして参加者間で合意を図るとよいでしょう。

> **事業所内事例検討会のルールの例**
> ・それぞれが自分の問題として主体的に「参加」する。
> ・他者の意見は否定せずに傾聴し互いに「尊重」する。
> ・事例に登場する方々に最大限の「敬意」を払う。
> ・全員が「時間」管理の意識を持ち終了予定時刻を守る。

2　事例概要の説明

　　事例についての情報共有を行うため、アセスメントシート、ケアプラン、居宅介護支援経過記録、サービス担当者会議の要点等必要な資料を配付し、事例提供者が、支援の状況や自身が困難・課題と感じていることなどをできるだけ簡潔に説明します。参加者は、事例提供者の説明を聞きながら、配付された資

料の「素読み」を行い「質問」を準備します。

　事業所内で行う事例検討会の大きな特徴は、前述した通り、実際の支援プロセスで用いているシート類を配付資料として使用できる点にあります。

3　情報や意見の発散

　「発散」とは、できるだけ幅広く情報収集を行うことで、一問一答のスタイルにとらわれず、「これはどうなんだろう？」「じゃあ、あれは？」「すると、こっちは？」と、どんどん視野を広げていくことです。限られた時間内で少人数のほぼ固定メンバーで行う事例検討であるという点を踏まえ、情報収集に意見を交える手法もあります。ただし、その場合は、先輩が後輩に意見を押しつけないことが大切です。また、新人などで的外れに見える発言であったとしても、即座に否定することは厳禁で、どのような意見に対しても尊重して聞く姿勢が大切です。もちろん、ケアマネジャーとしての意見には何らかの根拠が必要であり、なぜそのような発言をしたのかを自分の言葉で説明できなければなりません。なお、根拠が不十分である場合や上手に言語化できない場合も、たとえば「うまく言葉で表せないのですが、○○については、何か引っかかるんです」などと自分の実践経験のなかで育ててきた直観に基づいた発言も時にはあってもよいのだと思います。

　事業所内における事例検討会は、専門研修などの法定研修や地域ケア会議などと比べ、より身近でリアルな実践に基づく学習の場であり、トレーニングの場であるといえます。指導的な立場にある主任ケアマネジャーは、事業所内の事例検討会を経験の浅いケアマネジャーの育成の機会として捉え、自由に発言できる「発散」の場として活用することが有効です。

　ファシリテーターは、出し合った情報や意見についてモレやヌケがないよう補いながら、「発散」を進めていきます。

4　情報や意見の収束

　情報や意見がある程度出揃うか、または、あらかじめ設定していた時間になったところで、「合意形成」へ向けての「収束」に移ります。

　ファシリテーターは、あらゆる意見をいったん受け止め、参加者が伝えたいことを理解したうえで、必要に応じて追加質問や補足を行い、全員が合意できる方向に集約していく役割を担っています。意見の「収束」に向けては、参加者の発言のなかから、生かせる部分を見つけること、参加者の発言の奥にあるものを探り出すこと、特に注目できる意見の場合は、発言者自身に要約しても

らうことなどが、合意形成に向けての端緒となります。

その際、たとえば、初めから示されている基礎的な情報は黒のマーカー、参加者の意見は青のマーカー、皆で合意した内容は赤のマーカーと色を分けて記入するファシリテーション・グラフィックの手法を活用すると、検討内容の「見える化」が可能となり参加者の合意形成を進めるうえで大変有効です。

ファシリテーション・グラフィックの活用

会議を行う際、会話の要点をホワイトボードや模造紙などに、文字、図表、イラストなどを使って表現することをファシリテーション・グラフィックといいます。

事例検討会においては、「質問」や「回答」を要約するキーワードをホワイトボードなどに文字で表したり、生活歴を年表形式に整理したり、ジェノグラムやエコマップを描いたり、居住環境をイラスト化したりなどします。そうすることで、言葉だけが飛び交う「空中戦」ではなく、論点を視覚情報として確認しながら検討を進めることができます。つまり、参加者の言葉を可視化することで、参加者が全体の流れを俯瞰することができ、一致した認識のもとで議論を深めることができるのです。

ファシリテーション・グラフィックの活用には、次のような効果が期待されています。

・プロセスの共有ができる。
・議論の全体像や論点の提示により、意識を集中させることができる。
・自分で筆記する必要がなく、顔を上げて議論に参加できる。
・共通の記録となる（議事録が不要になる）。
・対等な参加を促進する。
・発言を文字に落とすことで、発言者の個性を共有できる。
・発想が広がる。
・感情的な論争をさけることができる。
・冗長な発言や繰り返しを減らすことができる。

こうしたファシリテーション・グラフィックで使用した用紙を取っておく、または、ホワイトボードをデジカメで撮影しておけば、後日、記録として振り返って活用することも可能となります。

5　事業所としての方針決定と指導者による評価

　　事業所における事例検討では、個別の問題に対して答えを示すことが不可欠です。

　　取り上げる事例が、現在支援を行っているケースであれば、事業所としての支援方針を全体で確認していく際の有効な手段となります。過去の振り返りの事例であれば、検討会で打ち出した方針を、次以降のケースに反映させていきます。いずれにしても、事業所の事例検討で決定した事項は、事業所のスタンダードとしての重みを有することとなります。

　　したがって、たとえば、業務範囲や経費等に関係することなどに関しては、安易に方針を決めて朝令暮改とならないようにするためにも、十分注意して結論を出す必要があります。また、方向性の決定に際して法的根拠の裏づけが必要な場合は、後日、保険者等に確認してから改めて検討を行うなど、結論を先送りにすることもやむを得ないことと考えます。

　　こうした事業所内で行う事例検討会では、指導的立場にある主任ケアマネジャーは、参加者に新たな「気づき」があったか、学習意欲や満足度が満たされたかなど、検討会そのもののあり方を評価していくことが大切です。同時に、事業所に所属するケアマネジャーのケアマネジメント能力や熟練度等を見ることができますので、人材育成と人材評価の面においても大変有効な手段であるといえるでしょう。

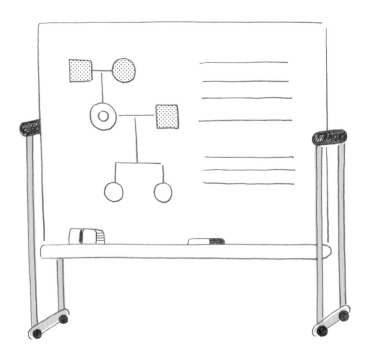

3 地域包括支援センターが実施する事例検討会
——準備〜進め方

　地域包括支援センターにおける事例検討会は、個別ケースの支援内容の検討を出発点として、ケアマネジャーの支援、地域課題の把握、地域づくり・資源開発、政策形成へとつなげていく可能性を含んでいます。特に地域ケア会議の個別ケース検討会では、参加者は多職種に及びます。ここでは利用者本人や家族が参加しない事例検討会について見ていきます。

1 事例検討会の準備

　居宅介護支援事業所のケアマネジャーが、地域包括支援センターから事例検討会への事例提供の依頼を受けた際、「認知症に関する事例」や「看取りに関する事例」など、個別のテーマがあらかじめ指定されていることがよく見られます。このような場合、提供する事例が設定されたテーマから逸脱しないようにします。

1　検討事例の抽出

　指定されたテーマが「認知症に関する事例」であったとしましょう。地域包括支援センターは、提供される事例を材料にして地域における認知症の人の支援について検討したいなどと思っているのだと思います。とはいうものの、ケアマネジャーが実際に受け持つケースは、たとえ「認知症のケース」であっても、認知症だけが課題というような単純なものではなく、多くの課題が絡み合っているものが少なくありません。このため、事例提供の依頼を受けた際は、担当しているケースのなかでどの事例が依頼されたテーマにより適しているかを考えて、提供事例を選択したいものです。もちろん、テーマ指定から逸脱しない範囲で、「このテーマも検討してほしい」という事例提供者からの希望を盛り込むのは一向に構いませんし、むしろ積極的な姿勢であるといえます。

　事例検討会は、互いに学び合う場でもあります。事例検討会においては、事例提供者は決して批判されないという確固としたルールがあります。ですか

ら、事例の提供にあたっては、自分の支援内容に恥ずかしさを感じることや「失敗したな」という気持ちがあったとしても内容を粉飾するなどして取り繕う必要はありません。ただし、個人情報の保護の観点から利用者が特定されないよう、事例の一部を加工することは問題ありません。同時に、利用者や家族の氏名、生年月日、住所等、個人が識別できる情報を取り除くなど匿名性を確保する作業は、事例提供における必須事項であり、どこかに消し忘れがないかを点検することが大切です。

2　役割分担

　地域包括支援センターが主催する事例検討会は、地域のケアマネジャーを対象とするもの、多職種を対象とするもの、地域住民も参加するものなど、参加者はさまざまです。

　いずれの場合も参加者のほかに事例の提供者と指導助言の役割を担うファシリテーター（司会者）が必要です。ファシリテーターとスーパーバイザーを兼任する場合も一般的に見られます。ただし、ほかの研修と異なり、講師が一方的に講義を行うのではありません。また、ファシリテーターと事例提供者の質疑応答を参加者が観客として眺めている場でもありません。事例検討会は、事例提供者、参加者、ファシリテーターの三者が協力してつくり上げていくものであるといえます。

3　会場の確保

対象である参加者全員が着席できるスペースを確保します。事例検討会でグループワークを取り入れる場合は、参加人員に見合った広さが必要で、いわゆるスクール形式よりも広い会場を確保します（**図4-2**）。実際に会場に足を運ぶなどして事前に確認しておくことをお勧めします。

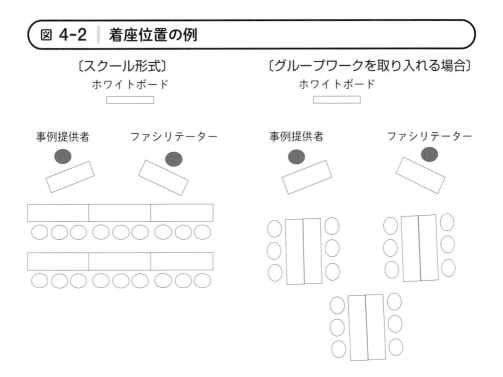

図4-2　着座位置の例

4　ホワイトボード等の準備

少人数では、テーブルの上に模造紙を置くという方法もありましたが、参加者が多くなれば、ホワイトボードを用意するか、大判の模造紙を貼り出すかの方法で、ファシリテーション・グラフィックを行います。

2 事例検討会の全体の流れ

　ここでは、地域包括支援センターによって実施される「事例の匿名性」を前提にした「多職種参加型」の事例検討会（本人・家族は不参加）にスポットを当てていきます。全体の流れ（プロセス）を再掲します（**図4-3**）。

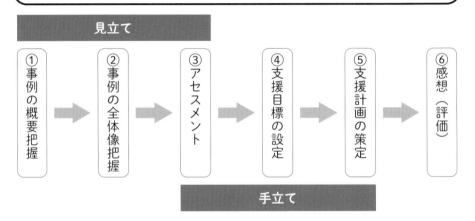

図 4-3　事例検討会のプロセス（図2-2を再掲）

　①事例の概要把握は、事例提供者によるプレゼンテーションから始まります。参加者は、事例提供者のプレゼンテーションを聞きながら、「自分が担当ならどのように対応するか」「自分が利用者ならどのような思いを抱くだろうか」など、「仮想体験・疑似体験（追体験）」を始めます。その追体験をもとに、「もっと聞きたいこと」「もっと明らかにしたいこと」などを質問の形で事例提供者に投げかけ、②事例の全体像把握、③アセスメントへと「見立て」を進めていきます。

「自分が利用者なら……」という視点

　事例検討会の「見立て」のプロセスにおいて、「自分が利用者なら……」という視点はとても重要です。
　専門職同士の事例検討会では、とかく専門職の視点で情報収集や議論を行うため、ともすると「利用者目線」を忘れてしまうことがあります。そんなとき、利用者目線で事例検討会を見つめると、目の前で展開されている事例について、「置いてきぼりにされている感じがするわ」「自分の味方がいないなあ」「家族だけじゃなく、こっちにも向いてよ」「サービスを使おうって気にならないよ」「自分の本心を相談できる人はどこにいるの？」

「なぜ、(自分の気持ちに)気づいてくれないのだろう」など、さまざまな気持ちを感じることが少なくありません。

参加者は、一度「自分が利用者なら……」という視点で、事例検討会を見つめてみると、新しい発見を得ることが必ずあるはずです。

ファシリテーターは、参加者の質問と事例提供者の回答に助言をしながら、キーワードなどをホワイトボードに書き込み(板書役を別にしても可)、事例の可視化を図ります。そして、④支援目標の設定、⑤支援計画の策定へと続く「手立て」へと事例検討会を進めます。

事例検討会は、支援の具体的な方向性としての「手立て」にたどり着くことだけが目的ではありません。提供された事例に対して、参加者一人ひとりが自らの問題として考え、気づきを見出し、全員で「事例の共通イメージ」をつくり上げていくプロセスそのものが重要なのです(**図4-4**)。

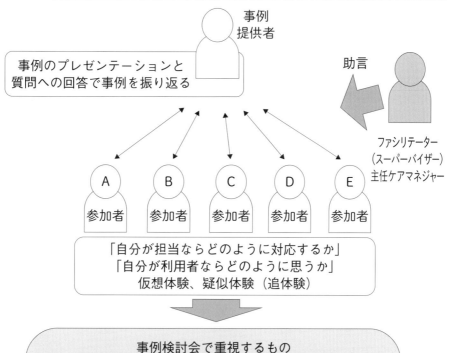

図 4-4 事例検討会のプロセスにおいて重視するもの

3 事例検討会の進め方

　事例検討会では事例提供者は「振り返り」を、参加者は「追体験」をベースにして「事例の共通イメージ」をつくり上げていきます。地域包括支援センターが実施する事例検討会のステップを詳しく見ていきましょう。

1　事例の概要把握（事例提供者のプレゼンテーション）

　事例提供者は、事例の概要について短くまとめて説明します。プレゼンテーションの内容を、「事例提出理由」「基本情報」「支援の経緯」と大きく分けると参加者もわかりやすいでしょう。

　「事例検討シート」など、紙ベースで事例概要を配付しているかどうかにかかわらず、どこまで詳しく事例の概要を説明するかは、事前にファシリテーターと事例提供者が打ち合わせをして決めておきましょう。参加者が事例の大まかな輪郭を把握できる程度にまとめるのが一般的ですが、事例の内容、事例提出理由、参加者の構成によっては、少し詳しく説明したほうがよい場合もあります。いずれにしても、事例提供者は、このプレゼンテーションで知っていることすべてを伝えるのではなく、次に続く質疑応答で、プレゼンテーションで足りない部分を補っていくといった感覚で臨みます。プレゼンテーションを行うにあたっての事例提供者の留意点を整理しておきます。

> 【プレゼンテーションを行うにあたっての事例提供者の留意点】
> ① 事実のみを伝える
> 　事例提供者がどのような点を「困難」と感じているのか（事例提出理由）などを含めてプレゼンテーションを行います。その際に心がけたいのは、困難さは「感情」ではなく「事実」で伝えるということです。たとえば、「とにかく振り回されて、大変困難な事例なのです」などと感情を前面に出したプレゼンテーションを行った場合、感情が事実を覆い隠してしまうおそれが高くなってしまいます。事例提供者は自分自身の情緒的な感情を抑え、困難さの原因となっている事実を的確に伝えることが重要です。
> ② 多くを語らない
> 　一般的に、プレゼンテーションの時間は長くても10分程度を目安とし、限られた時間内で所定の内容を参加者に伝えます。伝え方は、事例検討シート

> の一字一句を読み上げるのではなく、短い時間のなかにも特徴的なエピソードを加えるなど、参加者が事例をイメージできるような工夫が活発な議論を生むきっかけになります。
>
> ③ 時系列に沿った説明を行う
>
> 疾病の進行や家族関係の変化などに伴って利用者が抱える課題が大きく動いていくケースも多く見られますので、時系列がわかるような説明を行います。なお、一連の出来事を時系列で整理するときは、利用者の年齢ならば年齢で、年次ならば年次でと、どちらかに統一して表すと流れが見やすくなります。
>
> ④ 日常的な言葉で表現する
>
> 相談援助の専門用語で、「エンパワメント」「アドボカシー」などのカタカナ言葉が使用されることがあります。しかし、使用する側が言葉の定義を曖昧なままで用いると、参加者の理解を混乱させてしまうばかりか、用語の理解ができない参加者を置き去りにしてしまうことがあります。特に多職種が参加する事例検討会の場合は、できるだけ日常的な言葉を用いたほうが誤解が少なくなります。どうしてもカタカナ言葉を使う場合には、参加者にその意味を正しく、わかりやすく説明します。

2　配付資料がある場合

　事例検討会によっては、事例提供者のプレゼンテーションの前に参加者が配付資料を読む時間を設ける場合があります。一般的には、特にその時間は設けずにプレゼンテーションが行われている間に読むことになります。

　いずれの場合であっても、参加者は、利用者を取り巻く関係性などに留意しながら素早く読み込みを行い、「質問」に向けた準備をします。その際、付箋や3色ボールペンなどを活用して、チェックを行うとよいと思います。

　ただし、事例提供者のプレゼンテーション中に、資料ばかりを見て「顔を上げない姿勢」が続くと、事例提供者が参加者の表情を確認できなくなるため、不安な気持ちにさせてしまうことになりかねません。このため、資料を読む時間を特に設けない場合は、できるだけ素早く読み込み、プレゼンテーションの際には顔を上げる姿勢をとることができると、全体の雰囲気は非常によくなります。

3　事例の全体像把握（質問による事実確認）

　事例提供者のプレゼンテーションによって、ある程度の情報が参加者に入ってくると、参加者は「もっと知りたい情報」のリストを頭の中でつくり始めます。この「もっと知りたい情報」について参加者が「質問」を行い、事例提供者が答えていけば、時間の制約があるなかで効率的な情報提供（収集）が可能となり、参加者全員が事例の全体像について共通理解を得ることができます。

　この場合のポイントは、「質問」と「答え」をできるだけ具体的かつ簡潔にすることです。たとえば、「どんな感じですか？」「どうなのでしょう？」というような抽象的な質問に対しては、事例提供者の答えも曖昧で抽象的になるため、事例理解のための根拠を得ることは難しくなります。また、複数の質問を同時にしたのでは、焦点が絞りにくくなり、論点が散漫になってしまいます。

　具体的な「質問」と「答え」を「一問一答形式」で、テンポよく循環させましょう。サッカーの試合では、パスがリズミカルに回っているときには得点の可能性が高まります。これは、パスを出す側と受ける側に瞬時の意思疎通があるためです。事例検討会でも、参加者から事例提供者に「意思」を込めて「質問」を送り、事例提供者は、「意思」を込めて「答え」を返しましょう。

　ファシリテーターは、必要に応じて「助言」や「方向修正」を行いながら、「質問」と「答え」をよりよく循環させ、より確かな「事例（利用者）理解」へと事例検討会を導きます（**図4-5**）。

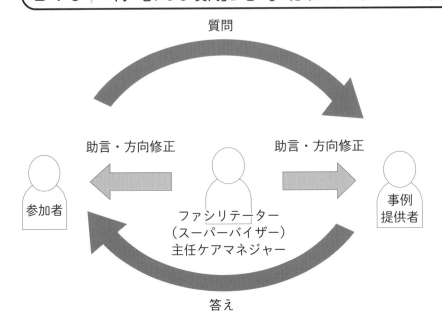

図 4-5 ｜ 一問一答による「質問」と「答え」の循環とファシリテーターの役割

事例検討会にとっての「事例理解」は、サッカーでいえばゴールに値するものです。また、「課題の明確化（アセスメント）」もゴールであり、そうしたゴールを積み重ねながら、より適切な「見立て」や「手立て」という勝利に向けて、事例検討会を進めましょう。質問にあたっての参加者の留意点を整理します。

【質問にあたっての参加者の留意点】
① 具体的に質問する
　　たとえば、利用者が過去に糖尿病で低血糖発作を起こしたことがあることに関連して、参加者が、糖尿病の自己管理状態を知るために、「今の栄養状態はどうですか？」と尋ねたとします。事例提供者の脳裏には、最近体重が増えたこと、インスリンの単位が増えたこと、食事内容に新たな指導が加わったことなどの情報が次々に浮かぶかもしれません。ところが、「今の栄養状態はどうですか？」という問いに対しては、「栄養状態はよいと思います」といった回答で十分だと思ってしまいます。このように、具体性に欠ける質問に対しては、回答も曖昧で具体性に欠けるような傾向が見られます。この例であれば、体重の増減、インスリン注射の単位数の変化、食事内容の変化や摂取量など、具体的に質問すれば、糖尿病の自己管理にかかわる具体的な課題につながる回答を得ることができます。
② わかりやすい質問をする
　　大きな声、はっきりとした話し方など、聞き手が明確に聞き取れることが「わかりやすさ」の大きな条件です。平易な表現であること、具体的に回答が行いやすいことも欠かせない条件です。さらに、「質問の根拠が明らかなこと」も大切でしょう。もちろん、質問する理由が明らかな場合は、「根拠」を述べる必要はありません。今までの質問の流れとは別の視点から質問を行う場合や、事例提供者が首をかしげた場合などには、「質問の理由（根拠）」を添えるようにします。そうすると、事例提供者は質問者の意図がわかり、質問者が「納得」できる回答を提供することができ、納得はほかの参加者にも広まります。
③ 事例提供者やほかの参加者の批判・非難をしない
　　事例検討会で最優先すべきルールの一つは、「他者の批判・非難をしない」ことです。このルールを守れない人は、事例検討会に参加する資格はありません。批判や非難は発言の「萎縮」を生み、事例検討会を不毛の会議にしてしまいます。ただ、多職種で検討を行う場合などは、異なった視点からの発言により、他者の発言の否定に聞こえる場合もあります。「否定」は「批

> 判・非難」と同じです。そう受け取られないようにするために、異なる視点を提示するときには、発言者はその「根拠」をわかりやすく述べることが大切です。

4　アセスメント（課題の明確化）

　質問によって集められる情報の内容は、やみくもなものでは意味はなく、「事例理解」や「課題の本質」にたどり着くためのものである必要があります。ただし、「事例の全体像の把握」においては、広い範囲で情報を収集するという側面があるため、「事例理解」や「課題の本質」に向けて、情報を整理したり、散らばっている情報をつないだり、さらには新たな情報を収集したりなどの作業が必要になってきます。

　この作業を「情報の再統合」といいます。事例提供者が困難さを感じている背景や事例における課題を分析し、情報を再統合していくのです。ここで、情報収集は新たな段階を迎えます。つまり、情報を再統合するために必要な情報を「質問」によって集めていくことになるのです。

　ファシリテーターは、「問い」を用いて参加者の思考と発言を促し、事例の「見立て」に至るために、事例を構造的に捉え直していくように事例検討会を導きます（**表4-1**）。

　課題を明確化するための「見立てる力のプロセス」を見ていきます（**図4-6**）。見立ては、「現状の査定（評価）」「背景の理解」「課題の抽出」「事例の概要を要約」へと進みます。このうち、「事例の概要を要約」が「事例（利用者）理解」にあたります。「事例の見立て」とは、「事例または利用者を言語化して説明できること」と言い換えることができるのです。

　この見立てのプロセスで忘れてはならないのは、「利用者の強さ・思考」であり、利用者自身が持っている資源です。これが課題解決力の源泉となります。同時に、利用者が支援を拒むなどの事実があれば、その背景を理解しておきましょう。これは、課題解決へのネックを解消するために必要です。そして、数ある課題の中から利用者本人が「解決したい」と思う（思うだろう）課題を明らかにしていきます。そして、事例および利用者を理解したうえで、解決すべき「課題の明確化」を行います。これが、「見立て」の着地点となります。

　ファシリテーターは、事例検討会のプロセスにおいて、この着地点を想定することは有効ですが、その着地点にとらわれて、先入観を持って議論の内容を誘導しないようにしなければなりません。

事例検討会をつくり上げるのは、ファシリテーターの独占的な役割ではなく、事例提供者や参加者全員の共同作業であるという認識が必要です。「事例検討会は全員でつくり上げていく」という明確な意思を全員で共有することが重要なのです。

表 4-1 事例を構造的に捉え直す方法

項目	内容
課題は何か？ (So What?)	今までに知り得た情報から、「何が課題なのか？（だから何？：So What?)」を導き出す。課題が複数ある場合には、その課題を事例提供者と参加者が列挙して共通認識する。情報が足りない場合は、質問により情報を補足する。
原因は何か？ (Why So?)	課題として特定した根拠を「原因は何か？（本当にそう？：Why So?)」と問い、「直接的原因」と「間接的な原因」を明らかにする。課題の具体的な「因果関係」を区別して共有することは、課題解決の糸口となる。
結果の予測 (未来へのアプローチ)	課題を解決した先にある「結果」を予測する。その際、「日常（現在）の課題」なのか「将来の課題」なのかに分けて考える。また課題解決に向けて利用者とどのように協働していけるのかを検討する。未来へ向けた課題解決のアプローチを歩むのは、利用者本人にほかならない。
選択肢 (オプション思考)	理想的な状態を想定して、現状と「あるべき姿との差異」を明らかにしたうえで、あるべき姿との差異を縮める方法を検討する。オプション思考とは、その方法（課題解決のための方法）を検討する際に、課題の原因や課題解決の方法を一つに限定せず、選択肢（オプション）の幅を広げて検討することをいう。また、理想的な状態の代替案（オプション）を用意することもある。
解決手段 (How?)	課題を総合的に解決するための効果的な「手段」を検討する。

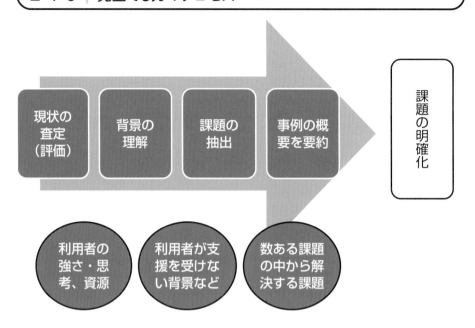

図 4-6 見立てる力のプロセス

5 合意形成に向けたプロセス（「気づき」と「手立て」）

　「質問」と「答え」の循環により、「見立て」のゴールへと到達したら、ファシリテーターは全体の「合意形成」を図ります。

　事例検討会で行う合意形成とは、単に対立をなくして意見を一致させるというだけではありません。合意形成は、ファシリテーションの目的の一つであり、参加者の多様な意見や考え方を、誰もが納得できるようにまとめることをいいます。無理矢理に意見や考え方をまとめるのではありません。では、どのようにすれば誰もが納得できるようにまとめることができるのでしょうか。ポイントを三つ挙げます。

　一つ目は、参加者それぞれが事例検討会に積極的にかかわってもらうこと。事例検討会では、事例（利用者）を理解するために、参加者全員から、質問を事例提供者に投げかけてもらいます。つまり、発言しない人が誰一人としていない状況をファシリテーターはつくります。

　二つ目は、ホワイトボードなどを使いながら、情報や事例を理解するための考え方をわかりやすい形にまとめていくというプロセスを経ることです。つまり、検討会で交わされる議論をすべての参加者が共有するのです。

　三つ目は、事例提出者や参加者にとっての「気づき」を生み出すこと。「気づき」という言葉には、「それまで意識になかったことに、思いが及ぶ。気がつく」という意味があります（大辞林）。事例提供者や参加者は、事例検討会

で行われる情報収集や議論を通じ、従来の自分自身の見方や考え方にはない角度や観点からケースを考えることが可能になるのです。そして、ファシリテーターによる論理的・構造的な「絵解き」により、事例提供者や参加者に「気づき」が生まれます。当然ながら、気づきは与えられるものではありません。それまで意識になかったことに、「あっ、そうか」と思いが及ぶのです。だから、誰もが納得できる合意形成となるのです。

　気づきは、事例の理解に基づく「課題の明確化」の段階ともいえ、その地点を事例検討会のゴールにすることもできます。また、その気づきをベースにして、「支援目標の設定」「支援計画の策定」といった「手立て」における合意形成のプロセスへと進むこともできます。

6　感想（評価）

　事例検討会のゴールは、事例提供者を含む参加者全員が「気づき」を得ることにあるといえます。つまり、「気づき」が思考の枠組みを広げ、事例の理解を深め、利用者とのかかわり方やプランニング（支援目標の設定や支援計画の策定）に関して新しいアイデアを得ることを可能にするのです。

　事例検討会で「気づき」を得ることができるのは事例提供者だけではありません。参加者も事例の疑似体験を通して「気づき」を得ることが可能であり、その「気づき」は自らの利用者とのかかわり方やプランニングに大きな指針を与えるとともに、見直しを行う契機にもなるのです。

　また、事例検討会は、このように新しい視点を得ることができるだけでなく、その場において今までの自分自身の考えが肯定されることで、不安や迷いが整理されるという一面も有しています。

　似たような困難を抱えているケースに見えても、ニーズやプランは一人ひとり違っており、それだけにケアマネジメントには絶対的な答えはないといえます。このため「本当に、これでいいのだろうか」といつも不安を感じながら日常業務に取り組んでいるケアマネジャーは少なくないと思います。自分の力だけで評価（自己評価）を行うことは大変難しいことです。だからこそ、ケアマネジャーが不安や迷いを抱くケースについて、率直に振り返り、アセスメントやプランニングを点検する機会が不可欠であり、他者の評価やスーパーバイザーのアドバイスが大きな力となるのです。

　ファシリテーターはこのように「事例検討会から得るもの」に焦点を当てながら、感想（評価）を事例提供者および参加者から引き出していきましょう。

4 他事業者と共同して事例検討会を実施する場合

　2018年度の介護報酬改定において、特定事業所加算(Ⅰ)～(Ⅲ)を取得するための要件の一つに「他法人が運営する居宅介護支援事業者と共同の事例検討会・研究会等の実施」が位置づけられました。

　これまでも、地域包括支援センター等が実施する事例検討会への参加が特定事業所加算の要件として位置づけられてきたところですが、今般、地域のケアマネジメント機能を向上させる取り組みをさらに推進していくことを目的として要件に追加されました。

　現在、特定事業所加算を取得しているほとんどの事業所では、加算による収益は安定的な事業運営に欠くことのできないものとなっており、新たに定められた要件を満たすことができないことを理由に加算を取得しないという選択肢はあり得ないといっても過言ではない状況となっています。

　したがって、今後とも加算を継続して取得するためには、新たな要件を満たすことが不可欠であり、他法人が運営する居宅介護支援事業者と共同で事例検討会・研究会等を実施しなければなりません。

　それでは、具体的にどのような取り組みが必要となるのでしょうか。

　「他法人が運営する居宅介護支援事業者と共同の事例検討会・研究会等の実施」という要件のうち、「共同」の意味を押さえておくことが大切であると考えます。つまり、当該居宅介護支援事業所で事例検討会を実施する際に、近隣の他法人が運営する居宅介護支援事業所のケアマネジャーに参加を呼びかけて、事例検討会への参加の機会を提供するだけで要件が満たされるのか、企画の段階から相互に「共同」して取り組む必要があるのか確認をしておくことが大切です。

　たとえば、地域包括支援センターと事例検討会を共同主催する場合で、算定要件を満たす場合の条件として次のような基準を設けている保険者もあります。

① 共同主催の事業所の主任ケアマネジャーが企画・運営・事例提出・司会進行・資料作成・ファシリテーター等の役割を担うこと
② 開催チラシ等で共同主催が明確にわかること
③ 議事録等で開催内容や事業所間の役割を明確にすること
④ 2法人以上が参加していること

現状では、国から具体的な実施の要領等は示されていませんので、居宅介護支援事業所の指定権限を有する市町村や都道府県に実施しようとしている計画の内容に誤りがないか事前に確認しておくことが必要です。

　具体的な実施方法に関しては、2～3の事業所が共同して10人程度で事例検討会を行う場合は、「一つの事業所内で事例検討会を実施する場合」と同様の手順で実施することが可能であると考えられますが、事業所を超えて事例を扱うため利用者の個人情報の管理には特段の配慮を行う必要があります。

　また、特定事業所加算を取得している複数の法人の居宅介護支援事業所の主任ケアマネジャーが協力して、地域包括支援センターや地域のケアマネ協議会、任意団体等と連携を図り、地域のケアマネジャー等を対象とした事例検討会を開催することも考えられます。

　そのような場合は、特定事業所加算を取得している各事業所の主任ケアマネジャーが企画段階から協力して事例検討会を実施する必要があると考えられます。なお、その実施方法については、地域包括支援センターにおいて事例検討会を実施する場合と同様の手順が参考になると考えられます。

<引用・参考文献>

- 中村誠司『対人援助職のためのファシリテーション入門――チームの作り方・会議の進め方・合意形成のしかた』中央法規出版、2017年
- 堀公俊・加藤彰『ファシリテーション・グラフィック――議論を「見える化」する技法（ファシリテーション・スキルズ）』日本経済新聞出版社、2006年
- 野中猛・高室成幸・上原久『ケア会議の技術』中央法規出版、2007年

第5章 事例理解のポイント

1 事例理解が進むわけ
2 広く情報を収集する──事例の全体像把握
3 情報をつなぐ（情報の整理・統合）
4 事例を読み解く──アセスメント（課題の明確化）

1 事例理解が進むわけ

　素朴な疑問からこの章を始めましょう。事例検討会では、質疑応答を繰り返しながら情報を集め、事例の理解を進めていきます。それは、まさにケアマネジメントと同様、「アセスメント」へ向かうプロセスそのものです。ただ、通常のアセスメントとは、大きな違いがあります。

　その違いは、事例検討会の会場には利用者や家族などがいないということです。事例検討会の参加者は、利用者や家族に直接聞くことができない代わりに事例提供者からアセスメント情報を入手します。ということは、事例検討会の会場で共有できるのは、事例提供者が持っている情報の範囲内ということになるわけです。

　では、なぜ、事例検討会では事例理解が深まるのでしょうか？

　実は、この疑問を解明していくことで、「事例検討会の本当の姿」が見えてくるのです。

1 三つの理由

　事例検討会の参加者は、事例提供者を除き、基本的には誰も利用者に会ったことはありません。利用者に関する情報量で、参加者が事例提供者を上回ることは不可能です。それにもかかわらず、質疑応答を繰り返すことで利用者理解が深まります。なぜなのか。理由を三つ挙げます。

① 情報が広がる
② 情報がつながる
③ 情報が深まる

　そう、「広げ」「つなげ」「深める」から、事例理解が進むのです。順に見ていきましょう。

1 情報が広がる

　事例検討会では、事例提供者の引き出しの中に格納されていた情報を引っ張り出し、目の前に広げ、眺めることができます。将棋の世界では、攻めの糸口

や守りの手立てが見つからないときに、「盤面を広く見る」と思いもしなかった指し手が見え、局面（現実の情勢：将棋でいえば勝負の形勢）を打開できることがあります。利用者理解においても同じです。事例提供者は利用者の近くでかかわっているため、袋小路に迷い込んだ自分に気がつけない場合もあるのです。「岡目八目」で参加者は第三者的な観点で当事者である事例提供者より情勢が客観的によく判断できることが少なくありません。

　健康状態、家族の状況、友人等との関係、住まいの環境、家計の状況、介護環境、地域や社会との交わり、食生活、家事、健康管理、趣味嗜好、移動手段、日々の暮らし方、思いや考え方。事例検討会の参加者の複数の目で利用者を広く見ることにより、事例提供者が気づかなかった課題が浮かび上がったり、問題解決の糸口や手立てが見つかったりすることが少なくありません。

　また、情報は現在のものだけではありません。過去の健康、家族、友人等、住まい、家計、暮らし方など、情報は時間軸を遡る方向にも広がりを持っています。利用者が歩いてきた道、その時々に利用者は何を思い、感じてきたかを追体験することも利用者理解に必要な情報の広がりの一つです。

① 情報が広がる
② 情報がつながる
③ 情報が深まる

2　情報がつながる

　　情報がたくさんあっても、それがバラバラな状態では、利用者と利用者が置かれている状況を理解することはできません。
　　簡単な例を挙げてみます。デイサービスの利用を拒む女性の利用者がいました。ところが、その理由を本人に尋ねても答えてくれません。なぜ、行きたくないのでしょうか？　利用者の気持ちを理解しようと、ケアマネジャーは、何人かに意見を聞いてみました。家族の一人は、「あそこ（デイサービス）は、ぼけた人が行くところと思っているようなの、自分もそうなのにね」と言います。もう一人の家族は、「他人に風呂に入れてもらうのが嫌なのよ」と話します。ヘルパーに聞くと「（入所する）施設と同じように思っているのかもしれません」と自分の見解を披露します。
　　ケアマネジャーは、どれももっともなような気がしています。でも、どれが本当の理由なのでしょうか？
　　事例検討会で、このことについて検討した結果、女性利用者がかつて認知症であった自分の夫を介護していたことがあり、その頃にデイサービスについて、「お遊戯のようなことばかりするところ、ぼけるとあんなところに行かなきゃならないのかねぇ」と言っていたことを思い出しました。また、利用者が「子どもの頃にね、ストーブにかけたやかんのお湯をこぼしてやけどをしたことがあってね。その痕がね……」と話していたことや、決して仲がよいとはいえない長男の妻について、「嫁は私を施設に入れたがっている」とこぼしていたことを参加者からの質問により思い出しました。
　　それらの情報を、二人の家族とヘルパーが語った言葉とつなぐことにより、家族とヘルパーのそれぞれの推測すべてが、より確かなものとして利用者の心に刻みつけられていることがわかってきます。つまり、お遊戯をするようなところにも、他人に肌を見せるところにも、長男の妻が行かせたい「施設」にも行きたくないわけです。そのことを事例提供者と参加者が情報をつなぎながら追体験したのだということもできるでしょう。もちろん、利用者自身の本当の思いを直接聞かない限り確定はできませんが、情報がつながることにより、利用者の思いや行動の理由に近づくことができるのです。

3　情報が深まる

　　なぜ情報を深める必要があるのか——まずは、そこから説明します。
　　当然のことながら、利用者自身のことは利用者本人が一番よく知っているわ

けで、ケアマネジャーが逆立ちしても利用者の思いのすべてを知ることはできません。家族が本人の思いを代弁したとしても、それが本当の思いであるかどうかはわかりません。また、思いには相反する気持ちが同時にある場合があり（アンビバレント）、愛と憎しみが同居したりもします。利用者自身が気づかない深層心理のような思いもあるでしょう。それも含めて利用者の思いです。

　だからこそ、利用者支援を行うケアマネジャーにとって、情報を深め、利用者理解に一歩でも近づくことが必要となります。しかし、利用者理解はそれほど簡単な作業ではありません。

　女優であり、劇作家・演出家でもある渡辺えり氏は、上田岳弘『塔と重力』（新潮社、2017）を原作として、『肉の海』（オフィス３〇〇（さんじゅうまる）・40周年記念公演）の脚本を執筆しました。そのときの苦しみは並大抵ではなかったようで、「人物を書くとき、バックグラウンド（をわかること）が必要で、それが出てこないと（台詞が）一言も浮かばない」と言い、あまりにもバックグラウンドが浮かんでこないので、「自殺まで考えた」と笑いながら振り返っています（『肉の海』宣伝映像座談会）。バックグラウンドとは、「ある人物や事件を生み出すもととなった事情・環境」（大辞林）であり、バックグラウンドが想像できないから人物は描けないと渡辺えり氏は苦悩したのです。

　まさに、ケアマネジャーの仕事も同様で、利用者のバックグラウンドがわからないと、利用者を理解することも、その支援策を提案することもできないのだと考えます。ただ、その道は簡単ではなく、広げ、つないだ情報を、さらに深めていく作業は、推理小説にも似て、論理的な思考を必要とします。だからこそ、事例検討会の参加者の力を借りることが有効になるのです。複数の頭で考えるから、情報を深めることができるのです。

2　「謎解き」としての事例検討会

　事例検討会は、事例提供者が「テーマ」や「事例提供理由」として投げかけた「謎」を、参加者の力を結集して解き明かしていく集まりだということもできそうです。謎解きを「推理」と言い換えることもできます。推理とは、「ある事実をもとにして、他の事をおしはかること」（大辞林）であり、「参加者の質問を受けて事例提供者が語る事実をもとにして、事例の理解を進め、テーマや事例提供理由をおしはかっていく」のが事例検討会といえるのかもしれません。

　では、謎解きや推理のためには、何が必要なのでしょうか。本書では事例検討会を成功させるための方法をさまざまな角度から見ていますが、ここでは、

少し視点を変えて、「論理的な思考」を簡単に紹介したいと思います。

1　論理的な思考とは何か

　ある日の事務所で、上司が部下からの報告に対し「もっとわかるように道筋を立てて話しなさい」と返しています。別の会議の席では、発言者が「その根拠は何ですか？」と逆に質問されています。これらは、論理的な思考による説明を求めている風景だといえるのです。ケアプランを作成する場面で長期目標や短期目標の達成のためにサービスの種類や提供内容を考えるのにも、「筋道」や「根拠」が求められます。

　論理的な思考というと何か難しそうに感じるかもしれませんが、「筋道を立てた考え方」や「根拠を持った考え方」と言い換えると、馴染みのある言葉になるのではないでしょうか。ビジネスの世界では、論理的な思考を「ロジカルシンキング」と呼び、問題解決やプレゼンテーションの重要なスキルとなっています。その特長は、誰もが納得できる合理的な手法であるという点です。

2　事例検討会は、論理的な思考で進む

　論理的な思考（ロジカルシンキング）の進め方についての詳細な説明は省きますが、大まかにいえば、設定された問題の原因と考えられるものをできる限り広く挙げ（広げる）、相互の関連性を考えながら（つなげる）、問題の原因に関与度が高いものを絞り込む（深める）というプロセスをたどります。

　そう、事例検討会における事例理解（利用者理解）も、論理的な思考で進むのです。そうすることで、「筋道」や「根拠」が明確になり、多くの人が納得できる検討会になっていきます。

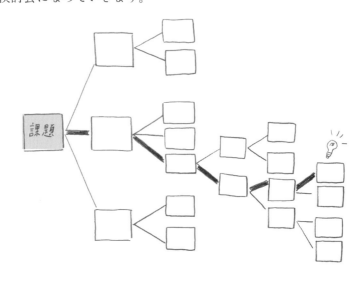

2 広く情報を収集する
——事例の全体像把握

　ここでは、事例検討会のプロセスのうち「事例の全体像の把握」で収集する情報の種類について見ていきます。

　情報の種類は、生活歴、家族関係、ソーシャルサポートネットワーク、生活するための力・生きていく力です。順に説明します。

1 生活歴を知る

　利用者が今抱えている課題の解決策などを検討する会議なのに、なぜ過去の情報を収集するのでしょうか？

1　生活歴を知ることの意味

　自分自身のことを考えてみます。自分が今抱く喜怒哀楽の感情や好き・嫌い、考え方は、生まれてから今までに積み上げてきた経験に由来しているはずです。同様に利用者の現在は、過去から続いています。過去と現在を結んだ延長線上に利用者の未来があります。現在の利用者を知り、その利用者が直面している課題を解く鍵は、利用者が歩いてきた道にあります。そしてその道は途切れることなく未来へと続きます。利用者がこれから向かう方向（課題解決の方法）を考えるとき、その人の過去から現在への継続性を抜きにしては、「本人不在」になってしまいます。「本人主体」の援助を行うために、生活歴を知ることは大きな意味があるのです。

　利用者の生活歴を知ることで、現在の利用者の言動（言葉と行動）や考え方、価値観、気持ち、感性などの理解につながります。それはまさに、私たちが行う相談援助に最も大切な「本人の力」の再発見にもなるのです。「生活歴の収集の視点」と「生活歴の収集でわかること」を整理します。

【生活歴の収集の視点】
・どのような経験を積んで現在の生活に至ったのか
・どのような地域、社会、文化のなかで生まれ育ち、どのような考え方や価値観を身につけてきたか
・人とどのようにつながり、そして別れてきたのか
・身につけてきた考え方や価値観は、どのような「生きる力」になったのか
・人生の分岐点での選択で、何を選びとってきたのか
・課題にどのように立ち向かい、課題を解決（または回避）してきたのか
・何を「誇り」に思い、何を「恥」としてきたのか
・ライフイベント（結婚・就職などの主な出来事）が利用者に与えた影響は？
・病気や障害の発症の時期とその影響は？

【生活歴の収集でわかること】（以下の項目は重なり合っている）
・考え方、価値観、趣味嗜好
・言動の背景
・利用者固有の生活パターン（ライフスタイル）
・危機に対する肝の据わり方、慌て方、乗り越え方
・課題を認識する力と解決する力（セルフケア・セルフマネジメント能力）
・人生の楽しみ方、人の愛し方、およびそれらの力
・人生の終わらせ方の意向

2　生活歴の収集の方法

　　事例検討会において、事例の全体像の冒頭で生活歴の概要を板書するという方法が有効です。参加者からの質疑による事実確認に移る前に、まずは、司会者が情報提供者から生活歴の骨組みにあたる部分、具体的には主なライフイベントを聞き出します。

　　一般的には、主な出来事は、生まれ、小学校入学、中学校入学、その後の学歴、就職、転職、結婚、子どもの誕生（第一子、第二子……）、転居、子どもの独立、親との離別、主な病歴などです（図5-1）。

図 5-1 ｜ 生活歴（ライフイベント記入例）

年齢	出来事
0	A市で生まれる
6	A市の小学校入学
12	A市の中学校入学
13	父親の転勤でB市に転居・転校
15	B市の高校に入学
18	C市のデパートに就職
25	結婚・夫の両親と同居
28	長女誕生・前年にデパート退職
32	長男誕生
42	父親死去
50	長男事故死
52	精神科通院
57	離婚・実家で母親と同居
60	長女・結婚
65	母親死去
72	子宮がん発覚
74	入院・手術

　上記の図は、やや詳しい生活歴の骨組みですが、このあたりまでを司会者が事例提供者に聞き出しながら板書をして、質疑に入ります。

　ちなみに、この事例タイトルは、「在宅ターミナルを希望するうつ病の女性の支援を考える」です。タイトルとこの生活歴を見るだけで、質問をしたいことがたくさん浮かんできませんか？

3　生活歴を利用者に聞くということ

　事例検討会では、事例提供者から生活歴の情報を入手しますが、それに先立ち、事例提供者は利用者から生活歴に関する情報を入手しています。当然ながら、事例検討会のためだけに情報を入手するわけではなく、生活歴の聞き取りは「利用者支援」の重要なプロセスです。ケアマネジャーにとっての意味は、前述の「生活歴の収集の視点」と「生活歴の収集でわかること」で整理した通りです。では、利用者にとってのメリットはどのようなものでしょうか？

　野村豊子氏は、『回想法とライフレビュー――その理論と技法』のなかで、「自分は一体何者であるかという問いかけは、人生の発達段階において重要な意味をもつ」と述べるとともに、「（高齢者が）新しい状況に直面するとき、その変化にたじろぐこともある。過去の記憶を想起して聴き手に語ることは、『以前、私はこんな体験をした』という出来事と同時に、『過去にこんなことを体験した私がいて、今、それを話している自分はその連続にある』ということを認識する行為ともいえる」[1]と過ぎ去ったことを聴き手に話すことの効果を強調しています。さらに、「『私の人生などつまらないもの、聞いていただくほどのものではない』と語る高齢者も多い」としたうえで、「しかし、そのつまらない人生はつまらないものではなく、かけがえのないものであることを回想する過程で見出す人もいる」[2]とまとめています。

　本書では、生活歴の収集が利用者にもたらすメリットを次のように整理しておきたいと思います。

【生活歴の収集が利用者にもたらすメリット】
利用者とともに過去を振り返り、丁寧に聞いていくことで、否定的（ネガティブ）な体験を含めて、自分自身を肯定的（ポジティブ）に再評価していくことにつながる。

4　生活歴の聞き取り方について

　　生活歴には、生育歴、学歴、職歴、趣味歴、結婚歴、子育て歴、賞罰歴、交友歴、離別歴、既往歴などがあります。もちろん、そのすべてを網羅する必要はありません。とはいえ、最初から限定して情報収集したのでは、利用者理解の幅が狭まってしまいます。利用者が繰り返す話や口ぐせなどを手がかりにライフイベントを生活歴の骨格として情報を広げていきましょう。

　　また、事例提供者が利用者から生活歴を聞き取るときに留意しておきたいのは、利用者が語りたい情報だけではなく、語りたくない情報もあるということです。積極的に語りたいもの、問われれば語るもの、問われても語りたくないもの……。ずっと、心の奥に閉じ込めておきたいものだってあるでしょう。語る意味、語らない意味、それぞれを受け止めながら、生活歴を拝聴し、事例検討会に臨みます。

5　持っておきたい周辺知識

　　生活歴は利用者理解にとって重要な要素です。ただし、事実として生活歴を並べるだけではなく、利用者の歩みに刻まれてきた生活歴が「利用者にとって持つ意味」を理解する必要があります。そのために欠かせないのは、時代背景や地域特性の知識です。

　　時代背景については、巻末資料（P.193〜197）の「利用者の生活歴の背景にある『出来事』年表」をご活用ください。同年表には、社会的に大きな出来事のほか、文化・流行・ヒット曲・ベストセラー・話題となった映画・テレビやラジオ番組・風俗なども掲載しています。生活歴の理解だけではなく、利用者との話題づくりにも利用できる年表です。

【生活歴の情報収集に必要な周辺知識】
●時代背景
　・政治、経済（景気）、社会情勢
　・文化、流行、価値観
　・家族観
　・当時の医療や福祉
　・利用者が経験した学業や職業についての特徴や一般的な評価
●地域の特性
　・文化、風習、価値観
　・産業（農業、工業、商業など）
　・交通
　・地域で暮らす人々
　・居住地周辺の変遷

　事例提供者がこのような周辺知識を持っておくことは、利用者からの情報収集の際に、利用者との信頼関係を深めることにもつながります。たとえば、知識のあるケアマネジャーに対して、利用者は次のような感想を抱くのではないでしょうか。
　「そうよ、そんな時代だったのよ」
　「懐かしいなぁ」
　「昔の話を聞いてくれてうれしいわ」
　「昔のことをよく知っているね」
　「もっと話したいわ」
　「話がわかる人だね」

2　家族関係とソーシャルサポートネットワークを知る

　家族関係やソーシャルサポートネットワークは、利用者の「生活力」に直結する事柄です。家族がいるから在宅生活が続けられるという利用者は少なくないでしょうし、ソーシャルサポートネットワークがあるから、一人暮らしでも在宅生活が続けられるという利用者もいます。
　家族関係は「ジェノグラム」、ソーシャルサポートネットワークは「エコマップ」を描きながら、参加者全体と「サポート力」を共有していきます。
　なお、それぞれの家族にもそれぞれのソーシャルサポートネットワークがあ

るという観点も重要です。ジェノグラムとエコマップを合体させて描くことと家族ごとのソーシャルサポートネットワークを知ることができます。

1 家族関係

　早樫一男氏は、自身の編著である『対人援助職のためのジェノグラム入門――家族理解と相談援助に役立つツールの活かし方』で、「（ジェノグラムは）家族の中の個人の理解にもつながるものです。ジェノグラムは家族情報を統合的に記載（作成）するツールであるだけでなく、理解や援助につなげるという意味で奥深いツールなのです」と記しています。続けて、「ジェノグラムを通して家族理解を深め、援助プランを考えるときの一般的なプロセス」の第1番目に、「家族に興味をもち、家族情報を正確に把握すること」と、「興味」と「正確性」を強調しています。[3]

　ジェノグラムに限ったことではありませんが、「興味」と「正確性」は、事例検討会の生命線ともいえるものです。興味は関心と言い換えることができます。利用者に関心（興味）を持つこと、利用者理解の根拠となる情報が正確であることは、事例検討会を実りあるものにするための大きな条件です。

　特に家族関係の場合、利用者の直接的な情報ではないと思うからか、年齢、居住地、利用者との関係などが曖昧な場合があるようです。不正確な情報は、不確かな事例検討会を招きます。事例提供者は正確な情報収集に努めるとともに、情報が曖昧な場合は、その旨をつけ加えましょう。

　ジェノグラムの描き方については、第3章（P.77）または上記の早樫氏の編著を参照してもらうとして、家族関係の情報収集のポイントをまとめます。

　複数のポイントをあげましたが、当然ながらどのポイントを重視するかは、利用者ごとに違います。ただ、家族関係の情報収集で特に踏まえておきたいのは、ケアマネジャー自身の価値観を意識して外すことです。利用者本人に対しては価値の多様性をもつことができるケアマネジャーでも、家族関係になると知らず知らずのうちに自分の価値観を重ねてしまい、「協力的でない」「家族関係がよくない」などと批判的な見方をしてしまう傾向にあるようです。本人への情報収集やアセスメントと同様に、家族関係についても常にニュートラルな気持ちで臨むことが大切です。

> 【家族関係の情報収集のポイント】
> - 現在の家族構成や関係だけではなく、「変化」を見る
> - 必要に応じて、生活の大きな転機や変化ごとにジェノグラムを作成する
> - 利用者の年表と合わせて、主要な家族の年表を並列で作成する方法もある
> - 家族のライフイベントが利用者の暮らし方や考え方に与えた影響を考える
> - ジェノグラムの変化や家族のライフイベントによって起きた家族間のダイナミックスやルールの変化に注目する
> - 利用者にとって、どんな場面で誰がキーパーソンになっていたかを知ることで、利用者にとって現在のキーパーソンの意味や、今後のキーパーソンの可能性を考える
> - 要介護状態になったことで、失われた、あるいは強化された関係を見る
> - 家族は多様な形態で営まれているため、一般的な「家族の枠組み」にこだわらず、広い視野で情報収集を行う（例：LGBT家族、夫婦別姓、シングルペアレント、里親、内縁関係など）

2　ソーシャルサポートネットワーク

　家族の枠組みを超え、どういう人とどのような関係の築き方をしてきたのか（または、しているのか）は、ソーシャルサポートネットワークのマネジメントを担うケアマネジャーにとっては、極めて重要な情報です。

　フォーマル、インフォーマルを問わず、家族以外の支援をどう組み立てるのか、サポーター（支援者）たちとどのような関係を築いていくことが望ましいのかの手がかりとなる情報です。田中尚氏は、ソーシャルサポートネットワークを「ソーシャル・サポート・システム」と表現し、「援助を必要としている人を社会から切り離して理解するのではなく、家族、友人、近隣といったインフォーマルな集団の支援や、フォーマルなシステムによる文化的・制度的援助（支援）を活用することによって、問題や課題を克服していく力を重視する考え方である」としたうえで、「ともすると（従来のソーシャルワークは）援助を必要とする人のパーソナリティやその人の問題への対処能力に重点がおかれ、その人の背後にある環境や社会のもつ力を見失いがちであった」と続けています。[4]

　事例検討会では、エコマップを描きながら情報共有を行っていく方法がお勧めです。例示したエコマップ（**図5-2**）に記載される関係性の線は、「利用者から見てどうか」つまり、「利用者から見える景色」を理解する際に大いに役

立ちます。特に、利用者自身が物理的な居場所だけではなく精神的な居場所をどこに求めているのかを解く鍵になるのです。また、要介護状態になった後のエコマップの変化を見ていくという方法も、今後のソーシャルサポートを考える際に有効です。また、利用者はサポートされるだけではないという視点も大切です。人と人との関係は「相互関係」であり、利用者もまたサポーターであるのです。

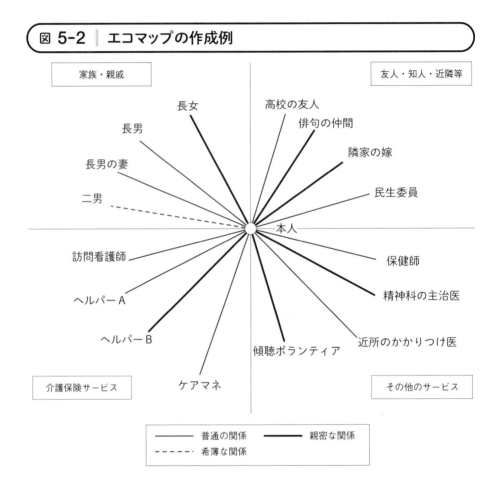

図 5-2 エコマップの作成例

3 生活するための力・生きていく力を知る

いよいよ「今」の利用者自身の「力」に関する情報収集です。心と体の健康状態や障害の程度、ADL（日常生活動作）やIADL（手段的日常生活動作）などのアセスメント情報が含まれます。概要については、事例提供者からのプレゼンテーションで情報共有がある程度行われているはずです。

ただし、心身状態の把握の際に注意したいのは、「○○することは難しい」

「○○はできない」「○○には介助が必要」などと、ネガティブな状況ばかりに視線が向けられてしまいがちになることです。それでは本人の「問題解決力」が見えづらくなってしまいます。そこで、利用者の力の把握にあたっては、「生活するための力・生きていく力」を意識しながら情報収集を行っていきたいと思います。

1 利用者の力を把握するための前提条件

利用者の力の情報収集にあたって、以下の5点に留意します。

① 広い視野で情報収集をする

本項では、全体像の把握において、「生活歴」「家族関係」「ソーシャルサポートネットワーク」の情報収集を、「生活するための力・生きていく力（利用者の力）」より前に記載しています。実際の情報収集にあたっては、必ずしもこの順番通りに行う必要はありませんが、「利用者の力」を最後に据えているのは、利用者を「介護が必要な○○さん」とだけ近視眼的に見ることがないようにするためです。利用者は過去からの「継続性」や人・地域・社会との「関係性」のなかで生き、暮らしています。利用者理解には、そうした「継続性」や「関係性」さらには「関係性をつくっていく力」までを含めた幅広い視野が必要であるのです。

② 正確な情報を専門知識で解釈する

家族関係の項（P.128）でも述べましたが、事例検討会で事例提供者が紹介する事例についての情報は、正確である必要があります。情報収集の観点からいえば客観的な事実に基づく情報であることでしょう。心身の健康状態、障害の程度、ADLやIADLについても、当然ながら正確さが求められます。ところが、事例提供者が「十分に客観性がある」と思っている情報でも、参加者の専門知識に照らし合わせると、根拠に乏しいなど、少し首を傾けたくなる情報であることもあります。たとえば、第1章で示した事例では、利用者が本当に認知症であるのかどうかが疑われました。おそらくはケアマネジャーだけではなく事例におけるケアチームのメンバー全員が、利用者は認知症であると思っていたのでしょう。ところが、その事例におけるケアチームの共通認識が、事例検討会を深めていくにつれて揺らいでいくことになったのです。

事例検討会は、事例提供者が提供した情報が根拠を持ったものなのかどうかと問い直す場でもあります。もちろん、その際には、事例提供者を問い詰

めたり、責任を追及したりするのでなく、「誤解をしてしまった理由」を参加者も交えてサポーティブに検討することになります。誤解の理由や誤解の事実に気づいた時点で、事例検討のテーマが解決するという場合だってあるのです。

③ 能力評価だけではなく、意欲、必要性、満足度も加味する

たとえば、ADLのリハビリの評価で用いられるバーセルインデックスは、「できる」ADLを指標とし、FIM（機能的自立度評価法）は「している」ADLを指標とします。「できる」「している」の違いはありますが、いずれも本人の能力を評価する指標です。ケアマネジャーが参加する事例検討会では、能力評価だけではなく、本人の意欲、本人の暮らしにおける必要性、介助を受けることに対しての本人の満足度も加味して、情報収集を行います。

④ 種々の環境が利用者の力に影響を及ぼす

住居の環境、経済状態（家計）、人と人との関係性、介護力など、利用者を取り巻く種々の環境が、利用者の力に影響を及ぼすことを考慮し、利用者の力についての情報収集を行います。

⑤ 「支えられる力」も利用者の力

利用者の力には、「支えられる力」も含まれます。これは、単に「介護力」だけではなく、介護サービスを含めソーシャルサポートを積極的に利用する力、自分の気持ちを周囲に伝える力、周囲の人に「支えたい」と思わせる人間力も含まれます。

支える側の心理にも留意しながら、いわゆる「支えられる側」に位置している利用者本人の「生活するための力・生きていく力」についての情報収集を進めます。

2　セルフケア能力

セルフケアとは、自分で自分自身の面倒を見ることです。「できる・できない」、介助を「必要とする・必要としない」という要介護状態に関してのセルフケア能力だけではなく、さまざまな要素でセルフケア能力は成り立ちます。以下、セルフケア能力を構成する要素と、セルフケア能力の情報収集における視点を整理します。

【セルフケア能力を構成する要素の例】
- 日常的に行うADLやIADL
- 栄養や睡眠をとったり、所定の薬を服薬したり、適度な運動をしたりなど、健康を維持する能力
- ストレスを軽減したり、解消したりできる能力
- 危機（ピンチ）を切り抜ける能力
- 入浴等により自身の清潔を維持したり、衣類の洗濯や住環境の清掃をしたりなど、衛生状態を維持する能力

【セルフケア能力を情報収集する際の視点】
- 生理的欲求、健康の欲求、安全の欲求をどう満たしているか
- 自分自身のセルフケアに対してどの程度満足感を得られているか
- 発達過程において、セルフケア能力をどのような機会にどのように獲得してきたか
- 要介護状態等により、セルフケア能力がどう変化したか（そのことについて、本人はどう思っているか）

3　セルフマネジメント能力

　セルフマネジメント能力とは、自己管理をする能力です。健康を維持するという文脈で用いれば、セルフケア能力と同様ですが、セルフケアよりは、自分が置かれている現状を認識したうえで自己を律するというニュアンスが強くなり、目標を実現したり、課題を解決したりするために強い意思をはたらかせます。

　たとえば、トイレに自力で行く、行かないは「セルフケア能力」に属しますが、「今は自力ではトイレに行けないけれど、リハビリを毎日続けることでトイレに自力で行けるようにする」という目標を立てて、それに取り組むことは「セルフマネジメント能力」に属します。さらに続けて、「思い通りにリハビリの効果が現れないので、受診してリハビリの方法を再評価してもらい新しいプログラムを開始する」といった計画を修正する能力や、「リハビリを続けたが自力で行くことは難しいことを認識する」といった現状を受け入れる能力、さらには「自力でトイレに行くことに代わる別の方法を見つける」といった目標

を修正する能力も「セルフマネジメント能力」です。

　P・F・ドラッカーは『マネジメント【エッセンシャル版】——基本と原則』で、「自己管理は、強い動機づけをもたらす。適当にこなすのではなく、最善を尽くす願望を起こさせる」[5]としています。自らの力で、時には適切なサポートを選びとり、夢を実現しようとする営みが「セルフマネジメント能力」といえるのではないでしょうか。加えていえば、たとえば、「要介護状態」という状況のもとで暮らす、耐える力でもあり、環境変化への適応力も含みます。

　誰が課題を解決するのか——。言うまでもなく、適任者は利用者本人です。セルフマネジメント能力は、能力のなかの宝石です。情報収集のなかで新たな発見があれば、利用者の問題解決力を増強する支援のあり方を考えることができます。

4　生活への向き合い方

　利用者の日常生活からも利用者の力を見つけることができます。利用者の生活習慣や生活サイクル（リズム）にそのヒントがあるかもしれません。

　たとえば、朝起きて新聞を丹念に読む、決まった時間に店番をする、植木の手入れをする、お茶やコーヒーを入れたりする、お気に入りのテレビ番組を見る、音楽鑑賞をする、カラオケの練習をする、友人に電話をかける、孫と遊ぶ、ボランティアに昔話をする、お経を読む、お香を聞く、料理を作る、趣味に時間を充てる……。

　人、物、仕事、趣味、信念、五感など、生活の糧および精神的な支えとなるものを知ることもストレングス視点に立った支援には有効です。利用者に対する見方も変わります。

＊

　利用者理解は、利用者の「生活するための力・生きていく力」を発見するプロセスでもあります。そのための質疑応答を重ねることが、事例検討会の醍醐味であり、事例提供者に対するもっとも素敵な贈り物となることでしょう。

3 情報をつなぐ（情報の整理・統合）

　古今東西、あまたの小説は、人の心の複雑さを描き続けています。「女心と秋の空」という言葉は、元来、「男心と秋の空」だったそうで、女も男も心が変わりやすい生き物のようです。自分自身ですら、自分の心がわからないこともあり、ましてや他人に人の心のうちが簡単にわかるものではないでしょう。しかも、心は迷い、心は揺れ、心は変わり、心は移ります。そればかりか、心にもないことを言ってしまったりもします。

　情報の一つひとつは、利用者の一部分の事象（出来事や事柄）であり、バラバラでは、利用者の生活の仕方や人生への向き合い方を含めた全体像は見えてきません。匿名とはいえ、事例検討会では、質疑応答により利用者の個人情報が交わされます。個人情報は利用者にとって大切な持ち物であり、その情報は、利用者のために生かされることが肝要です。

　情報を整理し、つなげることによって、事例提供者が見ている現実が氷山の一角であることがわかり、事例検討会の開催前には見えていなかった部分がしだいに見えてくるようになります。

1 つなぎ方

　では、どのようにつなげばよいのでしょうか？　まずは、つなぐための推進力となる三つの視点を提案したいと思います。それは、「想像力」「特異性」「仮説」です。

1 「想像力」でつなぐ

　想像とは、頭の中に思い描くこと。事例検討会では、「利用者の考え方や気持ち」を頭の中に思い描きます。「どう思ったのだろう」「どう思っているのだろう」「どう感じたのだろう」「どう感じているのだろう」など、利用者の気持ちを思い描くことができるような質問を重ね、情報をつないでいきます。

　ケアマネジャー、サービス担当者、家族など、利用者を取り囲む人が利用者の「しんい」を汲み取れないことが、事例を迷路へと追いやっていることがあ

ります。「しんい」は奥深く、真意（表向きには隠されている本当の気持ち）、心意（こころ）、深意（表面には現れない深い意味）を含みます。事例検討会の「テーマ」や「事例提供理由」は、利用者の「しんいの近似値」に気づいたときに解決することも少なくありません。

しんいの近似値

なぜ「しんいの近似値」という表現をしたのかに触れておきたいと思います。そこには、「人の心はたやすく解明できるものではない」という大前提があります。少し古くなりますが、『考える人』（2005年夏号）に「『心と脳』をおさらいする」という特集がありました。そのなかで、脳科学者の茂木健一郎氏に「人間の『心』の謎と『宇宙』の謎では、どちらが先に解けると思われますか？」という質問を投げかけています。すると茂木氏は「今のところ『宇宙』の謎の解明のほうが先に進んでいるようです」[6]と答えています。それほどまでに、人の心は奥深く、せいぜい心の近くの風景を想像することしかできないのです。

2 「特異性」でつなぐ

事例の全体像の把握を通して収集した情報の一つひとつはかけがえのない個人情報ではありますが、「事例タイトル」や「事例提供理由」の解決という観点から見ると、必要なものとそうでないものがあります。数多くの情報のなかから何を選び出し、つなげていけばよいのでしょうか？　その有力な手がかりは、情報の「特異性」だと考えています。「特異」とは、普通と特に異なること。事例提供者や参加者の「違和感」や「引っかかり」を手がかりに、検討している事例がほかの事例とどのように違うのかを考えて情報をつないでいくと、解決のヒントを発見できるかもしれません。

早樫一男氏は、前出の『対人援助職のためのジェノグラム入門——家族理解と相談援助に役立つツールの活かし方』のなかで、『不思議センサー』という造語を提示し、「『なぜ？』『どうして？』『不思議だなぁ？』という感覚であり、(中略) この感覚を活性化させるには、『普通』とか『一般的』な感覚が身についていることが重要になります」と述べています。家族支援の場においては、「不思議センサー」をはたらかせることにより、少数派の選択（イレギュラーさ：普通ではない選択）をキャッチすることが大切であり、「少数派の選択には、その家族なりの『事情』や『理由』、あるいは、家族固有の特徴や事情、課題が大なり小なり含まれています」とも続けています。さらに、具体的

な例として、「夫婦の年齢差や子ども同士の年齢差に気づいたら、次のような質問をすることによって、その家族の事情の理解が深まるかもしれません」とし、「ご夫婦の年齢がずいぶん離れていますね？」「お子さんの年齢が離れていますね？」という質問を挙げています。7)

　事例検討会の場でも、「特異性」をキャッチする感覚は有効です。普通とは違う「生活歴」「家族関係」「ソーシャルサポートネットワーク」、さらには「利用者の力」は、ポジティブにもネガティブにも作用するでしょう。たとえば、当時は多くの女性が行けなかった「女学校を出ている」という「特異性」は、現在のプライドにつながり、「子どもに先立たれた」という「特異性」は、現在に続く悲しみに、「自治会の会長をしていた」という「特異性」は、近隣との深い関係につながっているのかもしれません。

　とはいえ、「特異性」が人に及ぼす影響はさまざまであることにも留意する必要があります。たとえば、「継母にいじめられた」という「特異性」が、その後の継母と娘の関係にどのような影響を与えているのかについては、「個別性」があります。継母が要介護状態になったとします。「だから私は介護をしたくない」なのか、「だからといってその仕返しをしようとは思わない」なのかは、人それぞれなのだと思います。だからこそ、情報をつなぎながら、事例固有の事情を探っていく必要が出てきます。

3　「仮説」でつなぐ

　事例検討会は、「謎解き」であり「推理」であると先述しました。事例検討会では、ある程度情報をつないだところで、「仮説」を立てます。それは、推理上の仮説であり、複数の仮説が立つことでしょう。その仮説を絞り込むために、質問を重ね情報をさらにつないでいきます。そして、仮説をより真相に近づけていくのです。それは、シャーロック・ホームズ、エルキュール・ポアロ、エラリー・クイーン、ミス・マープル、コロンボ、明智小五郎、金田一耕助といった名探偵たちが繰り広げてきた推理ドラマにも似ています。

＊

　以上、情報の整理・統合の一助として「想像力」「特異性」「仮説」でつなぐ方法を見てきました。実際のケアマネジメントでは、つないだ情報について利用者本人に直接確かめることができます。ところが事例検討会ではそれができません。ですからあくまでも「想像力」で「しんいの近似値」に到達し、「特異性」で手がかりを見つけ、「仮説」で推理を深めるところまでであることを承知しておくことが必要でしょう。

2 利用者の背景を整理する

　利用者の今は、過去からの連続性のなかにあります。過去の情報をつなぐことで、今の利用者の背景がわかり、利用者理解が進みます。では、どのような情報をつなげばよいのでしょうか。利用者理解に効果がありそうなつなぎ方を例示します。そして、過去の情報をつないでいくことで、今につながる歩みがわかります。

【効果的な過去の情報のつなぎ方】
- 利用者の生活歴⇔家族・ソーシャルサポートネットワークの変化
- 利用者の生活歴⇔地域や時代背景（どの年齢でどういう環境にあったか）
- 利用者の生活歴⇔経験した学業や職業に関する社会的評価等
- 利用者の生活歴⇔生活力の変化
- 家族・ソーシャルサポートネットワークの変化⇔地域や時代背景（どの年齢でどういう環境にあったか）
- 家族・ソーシャルサポートネットワークの変化⇔生活力の変化
- 家族・ソーシャルサポートネットワークの変化⇔経験した学業や職業に関する社会的評価等
- 経験した学業や職業に関する社会的評価等⇔地域や時代背景（どの年齢でどういう環境にあったか）
- 経験した学業や職業に関する社会的評価等⇔生活力の変化

【情報をつなぐことでわかる今につながる歩み】
- 華の時代、暗黒の時代
- どんな道を、どのような方法で、どういう理由で歩いてきたのか
- 選んできたこと、できなかったこと
- こだわってきたこと、ゆずれないこと
- やり残したこと、あきらめたこと

4 事例を読み解く
──アセスメント(課題の明確化)

　つないだ情報を深めて、課題を明確にしていきます。情報を意味づけ、事例を読み解く作業です。ただし、前述したように、利用者の心は奥深く、「しんいの近似値」にたどり着くことができるにすぎません。事例の「読み解き」においても、あくまでも、「こういうことも考えられる」という程度のものであることを理解しておきましょう。「これが真相だ」と断定できるわけではありませんし、断定は利用者不在の審判になってしまうことを肝に銘じておかなければなりません。たとえば、「別の考え方もありますが……」といった「複数の読み解き」を共有しておくことも必要でしょう。

　事例検討会で事例を読み解いた結果は、事例提供者を通じて利用者の福利（幸福と利益）に還元していきます。事例検討会で行う読み解きは、現実に起きている課題を明確化し、あくまで利用者が自分自身で生きていく力や生活するための力をサポートするために行うものであるのです。

1 深め、読み解くことで見えるもの

　情報を深め、事例を読み解いていくことで何が見えてくるのでしょうか。そこにあるのは、「利用者本人から見える景色」であり、「生活するための力・生きていく力」です。

1　今、利用者はどこにいるのか（利用者本人から見える景色を理解する）

　利用者本人から見える景色を理解することは、事例検討会で到達するべき、もっとも大切なゴールの一つです。次のような事柄について、本人から見える景色が理解できるように事例を読み解いていきましょう。そうすることで、これからの援助の方向が定まってきます。

> 【利用者本人からどのような景色が見えるのか】
> - 華の時代や暗黒の時代を経験しながらたどり着いた今の時代はどのようなものなのか
> - 今までの人生をどのように捉え、これからの人生に何を思っているか
> - 戻りたい時代はあるか、やり直したいと思う時代はあるか
> - 要介護状態となり支援を受けることになった自分をどのように感じているのか
> - 障害等をどの程度受容しているのか
> - 家族の声がどのように聞こえているか
> - 家族をどう思っているのか
> - ソーシャルサポートネットワークの支援者たちに何を感じているのか
> - 利用する(提供される)サービスをどのように捉えているか
> - ケアマネジャーは、利用者の目にどんな姿で映っているのか
> - 支援者たちが「課題」として捉えたものを利用者自身はどう考えているか

　本書では何度も繰り返していますが、事例検討会において「本人目線」は極めて重要です。ところが専門職の集まりであるのが事例検討会であるという特性が、ついつい指導的な目線を誘発してしまいます。事例検討会の進行中、「利用者本人からどのように見えているのだろうか」と機会あるごとにチェックすることが大切です。

2 「生活するための力・生きていく力」の見積もり

　利用者本人が生活するための力・生きていく力をサポートするための「手立て」を考えるためには、その見積もりが必要です。その際には、「○○ができる人」という視点を持ちながら、家族、支援者、さらには本人も気づいていないかもしれない「力」を見積もっていきます。

　力の見積もりは、課題解決の突破口を探りながら、具体的に行っていきます。例として、第3章で挙げた「事例タイトル」と「事例提出理由」で考えてみます。

事例タイトルの例

サービスの利用を拒否する独居高齢者をどのように支えるか。

事例提出理由の例

本人は独居で身寄りがない。「自分で何でもできるので大丈夫」と話し、サービスの利用を拒否することがある。地域からも心配する声が上がっている。本人らしい生活が続けられるよう、支援の方向性を検討したい。

【生活するための力・生きていく力の見積もりのポイント】
- 今の生活を本人はどのように捉えているか
- 独居生活で、何ができて、何ができていないのか
- できていないことは、独居生活の続行にどれほどの影響があるのか
- できていない理由は何なのか
- どのようなサポートがあればできるようになるのか
- 身寄りに代わるインフォーマルサポートはないのか
- 「自分で何でもできるので大丈夫」という発言は本心だろうか
- その背景は何か
- なぜ、サービス利用を拒否するのか
- 地域の心配する声は何を理由にしたものなのか
- その理由は妥当なのか
- 地域との関係性はどうか
- 本人らしい生活とはどのようなものなのか
- どのような生活を続けたいと本人は望んでいるのか

　このようなポイントで、具体的な見積もりを出していきます。見積もりとは、前もって計算することです。計算は抽象論ではできません。客観的な情報による根拠を基に、精度の高い見積もりを行っていきましょう。

3 「事例タイトル」や「事例提出理由」とのすり合わせ

　アセスメントは、「利用者本人から見える景色」と「生活するための力・生きていく力の見積もり」が二大要素ですが、事例検討会では「事例タイトル」や「事例提出理由」とのすり合わせが欠かせません。

　すり合わせでは、「利用者本人から見える景色」と「生活するための力・生きていく力の見積もり」の検討内容を、事例提供者がどのように感じているかが重要な鍵となります。

　事例提供者は検討内容に触れることで、事例タイトルや事例提出理由についての解決策を見つけ出しているかもしれません。あるいは、自分が提示した事例タイトルや事例提出理由について、何か疑問や違和感を抱き始めているかもしれません。いずれにせよ、事例検討会におけるアセスメントのプロセスにおいて、司会者は、「事例タイトルや事例提出理由の変更はありませんか？」と事例提供者に問いかけます。事例提供者による問いかけへの回答しだいで、事例検討会は一気にゴールを迎えることもあるでしょう。見立ての深まりにより、支援の方向性（手立て）が見えてくることもあるでしょう。それらの場合は、手立てのプロセスに進まなくても事例検討会はその意義の大半を果たせたことになります。

　また、手立てをゴールとする場合は、このアセスメントを中継点として次のステップへと進むことになります。

＜引用・参考文献＞

1) 野村豊子『回想法とライフレビュー――その理論と技法』中央法規出版、2・3頁、1998年
2) 前掲書1)、3頁
3) 早樫一男編著『対人援助職のためのジェノグラム入門――家族理解と相談援助に役立つツールの活かし方』中央法規出版、48頁、2016年
4) 野村豊子・北島英治・田中尚・福島廣子『ソーシャルワーク・入門』有斐閣、153頁、2000年
5) P・F・ドラッカー、上田惇生編訳『マネジメント【エッセンシャル版】――基本と原則』ダイヤモンド社、140頁、2001年
6) 「茂木健一郎氏への『10の質問』。」『考える人』2005年夏号、30頁、2005年
7) 前掲書3)、50・51頁

第6章 「手立て」を考える

1 「手立て」に進むにあたり考えておきたいこと
2 出し合って、選ぶ「支援目標の設定」
3 ビジュアルに、具体的に「支援計画の策定」
4 実践力向上のために欠かせない「感想(評価)」

1 「手立て」に進むにあたり考えておきたいこと

司会者(ファシリテーター)が言います。
「利用者のAさんが、今置かれている状況が見えてきました」
司会者がアセスメントの内容を整理し、続けます。
「このような状況に置かれているAさんを支援するためには、どのような手立てが考えられるでしょうか」
かくして、事例検討会は「手立て」のプロセスへと進みます。それにあたって考えておきたいことを整理しておきましょう。

1 利用者が居合わせないということ

事例検討会では、利用者や家族は立ち会いません。そのような状況下で、「支援目標の設定」や「支援計画の策定」を行うのが、事例検討会における「手立て」のプロセスです。

岡田進一氏は、「ケアプランの作成」について、「ケアマネジャーが利用者とともにさまざまな支援目標を設定し、また、それぞれの支援目標を達成するための手段として、どのような社会資源(フォーマルサービスやインフォーマルサポート)を活用していくのかを考えていくことを指す」と述べています。また、岡田氏は、「利用者とともに作成したケアプランは」とも記しています。[1]「ケアプランの作成」は、まさに「支援目標の設定」と「支援計画の策定」にあたるわけで、利用者とともに(いっしょに)行うのが普通の姿です。ところが、事例検討会では、いっしょに目標を立て、いっしょに計画を作成する利用者の同席はありません。このことに十分に配慮しながら事例検討会の「手立て」のプロセスに向かい合う必要があります。利用者が居合わせないことにおける留意点を三つ挙げます。

① 深い利用者理解が前提
② 利用者をコントロールしようとしない
③ 事例提供者をコントロールしようとしない

この三つは、事例検討会に臨む参加者や事例提供者の「援助姿勢」にもつながります。順に見ていきましょう。

1　深い利用者理解が前提

　深い利用者理解は「見立て」のゴールの一つです。利用者がどのような状況にあるのか、利用者はどのような景色を見ているのか。もちろん利用者といっしょに歩む実際のケアマネジメントプロセスでも利用者理解は重要ですが、事例検討会ではより深い利用者理解が必要となってきます。

　なぜなら、事例検討会の場には、自分のことを語ることができる利用者本人がいないからです。本人がいれば、一つひとつを確認しながら、前に進むことができます。「手立て」の提案、すなわち、目標やサービスを含んだ支援内容の提案にも、その場で本人が自分の意思を示すことができます。事例検討会では、本人に直接確認することなく、支援目標を設定し、支援計画を策定していきます。それゆえに、参加者の質問と事例提供者の応答、さらには、司会者（ファシリテーター）のサポートによる、より深い利用者理解が前提となるのです。また、事例検討会における「支援目標」と「支援計画」は利用者との合意を得るまでの「仮」であることを認識しておきましょう。

2　利用者をコントロールしようとしない

　事例検討会で方向性や修正を検討するのは、「援助のあり方」であり、利用者の暮らし方ではありません。

　「こちらの提案を受け入れてもらうためにはどうすればよいか」

　考えようによっては、暴力的ともいえる言い方です。支援者側からの押しつけを「支援目標」や「支援計画」として検討していないでしょうか。たとえば、「サービスの利用を拒否する利用者をいかに変えるか」や「協力的ではない家族に協力してもらうにはどうすればよいか」といった「手立て」を検討するのは、利用者や家族をコントロールしようとすることにつながります。人が人をコントロールすることはできませんし、そのようなことがあってはなりません。利用者の自己決定をどのようにサポートするかといった視点で「手立て」を考えていきましょう。

3　事例提供者をコントロールしようとしない

　この場にいない利用者に接することができるのは、基本的には事例提供者だけです。ですから、利用者の支援の方法については、事例提供者に向けた発言・提案となりがちです。発言には「指導」的なニュアンスが含まれることも

あるでしょう。しかし、事例提供者を「指導」の名のもとにコントロールしないようにします。事例検討会における発言・提案の方向は、事例提供者に直接ではなく、「事例検討会」という検討の場に向けた発言・提案でなければなりません。

第2章で見た事例検討会のルールに「事例提供者に支持的態度で臨む」がありました。事例検討会は、事例提供者に参加者の考え方を押しつけたり、「こうすべきだ」と指導したりする場ではありません。事例検討会で考えた「手立て」を事例提供者に実行させる、または、実行するという確約をとる場ではありません。

事例検討会で考え出した「手立て」を生かすかどうかは、事例提供者が「自己選択・自己決定」していきます。

利用者がケアマネジメントの「主体者」であるのと同様、事例検討会の「主体者」は、事例提供者であるのです。

ただし、事例提供者に事例検討会（主に司会者）が介入する場合があります。それは、現在進行形の事例において、事例検討の結果、事例提供者が利用者に不利益をもたらしていることがわかったり、このまま放置すると、緊急性や重大性の観点から利用者に危機が及ぶと判明したりしたときです。この場合は、事例提供者を「強く指導」し、速やかな援助の修正を図ります。事例提供者一人では難しいと判断できるときは、「○○機関（または個人）に応援を頼んでください」などと具体的に指示をします。

2 「支援」について

「手立て」の要素である「支援目標の設定」と「支援計画の策定」には、「支援」という言葉がついています。ここで「支援」について少し考えてみましょう。

「支援」の意味は「ささえ助けること。援助すること」（広辞苑）、「他人を支えたすけること。援助。後援」（大辞林）、「活動を容易にするためにささえ助けること。援助」（日本国語大辞典）、「『援助』のやや改まった表現」（新明解）です。そこで、「援助」の意味を見ると、「たすけること。助勢」（広辞苑）、「たすけること。助勢。すくい」（大辞林）、「困った状況にある人をたすけること。たすけ」（日本語国語大辞典）、「〔じり貧状態にあったり挫折しかかっていたりする当事者に対して〕プラスの方向に向かうように力を貸してやること」（新明解）となっています。

いずれにしても、活動や行動の主体は、支援（援助）を受ける当事者（利用者）であり、「コントロール」とは、反対の概念であるといえるでしょう。ち

なみにコントロールとは、「制御すること。統制すること。管理」(大辞林)という意味で、「行き過ぎの無い・(自分の思い通りに行動させる)ように、操作・調節すること」(新明解)と踏み込んだ意味づけを行っているものもあります。この場合、活動や行動の主体は、コントロールする側にあります。

コントロールと違い、「支援」は、支援を受ける側が「主体者」です。そのことが揺るがないようにするためには、目標や計画が主体者として実感できることと、支援者としての「かかわり方」までを検討することが大切です。

1　目標や計画が主体者として実感できる

事例検討会で考える「支援目標」や「支援計画」は、利用者が自分の目標や計画であることを実感できるものである必要があります。そのためのポイントは次の5点です。

① 過去から現在までの利用者の歩みの延長線上に目標や計画があること
② 既成の枠にはめ込まないこと
③ 「あるべき姿」は、利用者が考えるものであること
④ 「その人らしさ」を押しつけないこと
⑤ 目標達成後の姿は、利用者が思い描けるものであること

順に見ていきます。

① 過去から現在までの利用者の歩みの延長線上に目標や計画があること

事例検討会は、「見立て」のプロセスで、利用者の過去から現在までの歩みを検証し、利用者が今どのような状況にいるのか、その地点からどのような景色を見ているのかという事例(利用者)理解を深めてきました。「支援目標」と「支援計画」は、過去から現在までの利用者の歩みの延長線上にあることが大前提であり、目標や計画は、利用者個々の生活スタイルや価値観を十分に踏まえて考える必要があります。

② 既成の枠にはめ込まないこと

過去から現在までの歩みは、誰一人として同じものはありません。それを十分に理解しているのにもかかわらず、これからの目標や計画を考えようとするときに、利用者を既成の枠にはめ込んでしまうことがあります。たとえば、「要介護者だから」「障害者だから」「病人だから」「高齢者だから」「男性だから」「女性だから」という既成の枠などです。利用者個人の生き方を既成の枠に封じ込めてしまうと、「見立て」で共有した利用者の個別の歩みが見えなくなってしまいます。

③ 「あるべき姿」は、利用者が考えるものであること

　目標を考える際に、「あるべき姿」を描くことがあります。この際に注意したいのが、「あるべき姿」とは「こうありたい」と思う利用者本人の願いであり、支援者の側にいる事例提供者や参加者にとっての「あるべき姿」に陥らないことでしょう。支援を職業としている人は、知らず知らずのうちに、多くの事例を比較しながら、「あるべき姿」を描きがちになります。また、医療やリハビリの専門職が描くゴールを「あるべき姿」に重ねたりします。「あるべき」という言葉には、「そうあるのが当然の。のぞましい」（大辞林）という意味があり、他者が「当然だ」とか「のぞましい」とか言うのは、いわゆる「上から目線」なのではないでしょうか。「あるべき姿」を口にできるのは、本人以外にはいないのだと思います。その意味で、利用者が居合わせない事例検討会では、「あるべき姿」という言葉を安易に使わないほうがよいと考えます。

④ 「その人らしさ」を押しつけないこと

　よりよい介護や看護を目指す際のキャッチフレーズとして、「その人らしさ」や「その人らしい暮らし」は、よく出てくる言葉です。ただ、これらも「あるべき姿」と同じように、他者に描いてもらったり、他者に誘導されたりするものではないでしょう。地域包括ケアシステムにも「自分らしい暮らしを人生の最期まで続けることができるよう」というフレーズがあります。「その人らしさ」や「自分らしさ」は、あくまでも本人が考えるものだと思います。周囲の人間が「その人らしさ」を本人に投げかけるという行為は、たとえば、服を選ぶとき、「お似合いですよ」と店員が客に声をかけるのに似ています。事例検討会で「その人らしさ」等を議論するとき、「お似合いの暮らし方」を熱心に勧める「対人援助店舗の店員」になっていないかを自問する必要がありそうです。ちなみに筆者は「その人らしさ」という言葉を用いず「本人が考える自分らしさ」と言っています。

⑤ 目標達成後の姿は、利用者が思い描けるものであること

　事例検討会で検討する目標を達成した後の姿は、利用者本人にも思い描けるものでしょうか？

　未来が未知のものであるだけに、人は自分の未来を確かなものとして思い描くことは容易ではありません。専門職だから予測できる未来と、利用者が思い描くことができる未来は違います。事例検討会では、専門職が俯瞰的に事例を議論します。この構図は、ギリシャ神話で地上の出来事を天空から眺めて議論をしているオリンポスの神々のようなものかもしれません。

事例検討会の参加者も事例提供者も、専門職的な目線から利用者を眺めるだけではなく、利用者が見ている風景を実感するためにも、利用者と同じ位置に立ち、利用者の目線で将来を見つめることが大切です。

2　支援者としての「かかわり方」までを検討する

対人援助は、人と人とのかかわりのなかで営まれていくものです。「支援目標の設定」や「支援計画の策定」においては、利用者が見ている風景のなかに、「利用者には、支援者がどのように見えているのか」を含めて検討することを忘れないようにしたいものです。

支援は、利用者が自らの力をより発揮できるように行われます。そのためには、支援者はどうあればよいのかを検討することはとても重要であり、利用者が力を発揮するためには、支援者が支援の方法を変える必要もしばしば出てきます。変える（変わる）のは、利用者ではなく、支援者なのですから。

通常、支援は複数の支援者がチームとなって行うものであり、事例提供者だけではなく、メンバーの人選を含めて、チームのどのメンバーがどのような役割で、どのようにかかわっていくのかといった「かかわり方」までを検討します。

三井さよ氏は、「その『ニーズ』なるものに、支援者を含めた周囲の人間が、どのようにかかわっているのか、という問いを立てることも必要なのではないか。（略）もしかしたら、周囲の人たちこそ、態度やふるまいを改めなくてはならないのかもしれない」と記しています。[2]　また、脇田愉司氏は、「大切なのは、『支援』は相手の立場に立って自分を変えることが必要であるということ。支援される人がどういう状況に置かれており、支援行為がどのように受け止められているかをフィードバック（自省）して、支援される人の意図に沿うように自分の行為を変える必要がある」と記しています。[3]

このように、「支援」では、人と人の「接点」となる「かかわりのあり方」にも細心の注意を払っていく必要があるのだと思います。

2 出し合って、選ぶ「支援目標の設定」

今まで、「手立て」に進むにあたり考えたいことを見てきました。若干、窮屈に感じた方もいらっしゃるかと思います。ただし、これは事例検討会で「手立て」を考える際の利用者に対する最低限のマナーであり、事例検討会の「品位」となるものです。それを踏まえたうえで、ここから先は、現在進行形の事例であれば、「こうすればよいのじゃないか」を、振り返りの事例であれば、「こうすればよかったのじゃないか」をポジティブに考えていきたいと思います。

1 何についての「手立て」を考えるのか

事例検討会での「手立て」では、「利用者」の目標や計画を検討することもあれば、「支援者」の目標や計画を検討することもあります。何についての「手立て」を考えるのかは、事例検討会のテーマや事例提出理由によって選択します。ただ、いずれの場合も、「利用者」および「支援者」についての「手立て」には密接な関係があり、どちらか一方だけを検討するというのは、現実的ではありません。

たとえば、「再び歩くことを希望するAさんの支援を考える」というテーマでは、Aさんの気持ちや専門職の評価など、Aさんの心身状況の再アセスメントを踏まえたうえで、Aさん自身の目標や計画を柱にしながら、かかわり方を検討していくことになるでしょう。また、「家族の希望を優先し、施設入所となった利用者への支援を振り返る」というテーマであれば、在宅時のケアマネジメントプロセスを情報の一つとして挙げながら、在宅継続が可能であったかどうかを吟味し、支援のあり方を検証することになるでしょう。

2 「夢や希望」を含めて目標を出し合い、選ぶ

「支援目標の設定」には、いくつかの方法があります。ここでは、参加者が支援目標のアイデアを出し合い、事例提供者が選ぶという方法を紹介します。

1　支援目標のアイデアを出し合う

　「見立て」のプロセスで、利用者の置かれている状況と利用者が見ている景色を共有したことを前提として、一旦、目標を大きく広げてみましょう。上原久氏は、『ケア会議の技術2──事例理解の深め方』で支援目標の設定の発言を促すための発言を次のように例示しています。

　「『こうなるといいな』とか『こうなったら楽しいな』という支援目標を、利用者の立場に立って想像してみてください。この段階では『できる・できない』は考えなくて結構です」[4]

　これは、利用者視点から見た、未来を見据えた「夢や希望」といえるかもしれません。夢だから、「できる・できない」はひとまずおいて、自由に発想してみるのです。ただ、興味深いことに、上原氏はこの5年前には、『ケア会議の技術』で「支援目標は、①実現可能性、②支援者の能力、③当事者の能力、④社会資源の状況などを勘案し、具体的で実行可能な目標を体系的に再配置する」[5]と記しています。

　上原氏は、スーパーバイザーとして事例検討会の司会者を重ねるうちに、一度、実現の可能性のたがを外して考えてみることの有効性を実感したのでしょう。『ケア会議の技術2──事例理解の深め方』では、「この局面はアイデアが勝負です」としたうえで、「『できる・できない』という発想ではなく、ブレーンストーミング的に『あったらいいな……』と感じることを、思いつくままにテンポよく出し合うのがコツです」としています。また、「突拍子のないことでも、それが『具体的』で『実行可能』なものであれば歓迎されます」とも押さえています。[6]

　引用が長くなりました。ですが、一連の上原氏の考察はとても示唆に富み、全員でアイデアを絞り尽くすという行為で、事例検討会におけるグループダイナミズムは大きく高まります。もう少し引用をお許しください。場面は、アイデアを絞り尽くした瞬間です。

　「実は私が好きな瞬間です。知恵を絞り、アイデアを搾り出していきます。精一杯考えますから、あるアイデアが次のアイデアへと連鎖し、スパーク（火花が出ること）することがあります。参加者全員が、事例検討会のダイナミズムを実感する瞬間です」[7]

　参加者は、自分の実践と目の前の事例を重ねたり、自分の実践で果たせなかった夢を事例に投影したり、「自分がもし事例の利用者なら」と想像したりしながら、利用者がより幸せになり、または、事例提供者の悩みが解決できるような「支援目標」を絞り出していきましょう。

そして、参加者が絞り出した支援目標のアイデアを、司会者（または板書役）が、ホワイトボードに書き出していきます。

2　支援目標を選ぶ

ホワイトボードに具体的な支援目標が並べられました。ここからの主役は事例提供者です。事例提供者は、参加者たちの努力の結果に感謝しながら、実行に移す「支援目標」を次のような視点で選んでいきます。

> 【事例提供者が「支援目標」を選ぶ視点】
> ○やってみたいもの
> 　・今すぐにでもやってみたいもの
> 　・時間はかかってもやってみたいもの
> ○できそうなもの
> 　・自分の力量なら十分にできそうなもの
> 　・誰かの助けを借りればできそうなもの
> ○利用者の喜ぶ顔が想像できるもの
> ○目標が達成されたときの利用者の姿と暮らしが想像できるもの
> ○チームケアに好影響が出そうなもの
> ○事例提出理由の解答となりそうなもの

選択にあたっては、事例提供者の自由意思を優先します。なぜなら、現在進行形の事例である場合、事例検討会の終了後に事例に臨むのは、事例提供者であり、その意味で、自分自身が選び取ることが重要だと考えるからです。

事例提供者から要請があった場合や考えあぐねている場合には、司会者（ファシリテーター）が、利用者像や事例の特徴、並びに、事例提出理由などを考え合わせながら助言を行います。時間がある場合は、参加者に選択についての助言を、その理由を含めて会場から募ってもよいでしょう。ただし、先述したように、事例提供者をコントロールするような物言いは禁物です。あくまでも、事例提供者の「主体性」を尊重する助言程度にとどめます。助言とは「役に立ちそうな言葉をかけること」（大辞林）です。

3 ビジュアルに、具体的に「支援計画の策定」

支援目標を選んだら、支援に取りかかる順番をつけます。野中氏の「十文字表」を使うと、支援の順番がビジュアル化できます。また、誰が行うのかという「キャスティング（配役）」を決めていきます。

1 「十文字表」でビジュアル化

ホワイトボードに「十文字表」を描きながら、支援計画を共有していきます。十文字表には、縦軸に「本人が行うこと」と「まわりが行うこと」を、横軸に「急ぐこと」と「急がないこと」を配置します（**図6-1**）。支援は、利用者本人が力を最大限に発揮できるように行われますので、十文字表の右上がゴールとなり、ゴールに向かい、支援を積み上げていくという図式になります。

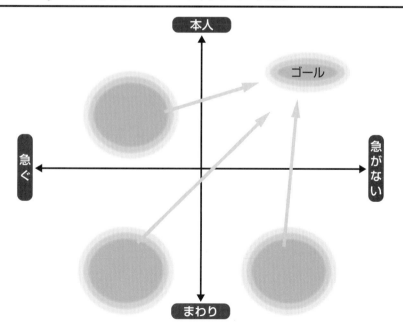

図 6-1 「十文字表」とゴールに向けての支援

十文字表の記載例を簡単な事例で紹介します。

●事例の概要

夫（利用者本人）と妻の二人暮らし。本人は認知症で、妻の本人に対する接し方も要因となり、このところ妻に対する暴言が目立つようになった。本人は、秋に妻と二人で温泉旅行に行くことを何十年と続けてきたが、「それどころではない」と妻は疲労した顔で話す。テーマは、「認知症がある本人の温泉旅行は可能か」。

事例検討会では、「見立て」を経て、さまざまな「支援目標」のアイデアが出されました。事例提供者は、そのなかから、次の10個を選びました。

●選択された「支援目標」（順不同）
・認知症の専門医に予後予測や認知症の行動・心理症状（BPSD）の発生理由を聞く
・BPSDの軽減策を主治医が妻に説明
・本人から、毎年の温泉旅行の思い出を聞く
・夫婦一緒に、毎年の温泉旅行の思い出を聞く
・本人に、今年も温泉旅行に行きたいかを聞く
・どのような理由で妻に乱暴な言葉を使うのかを本人に聞く
・妻に、夫の世話で何が大変なのかを聞く
・妻の介護負担軽減のためのサービスを検討する
・必要なサービスを探す
・温泉旅行実現のための作戦会議（サービス担当者会議）を開催する

これらの「支援目標」に順番をつけながら十文字表に落とし込みました（**図6-2**）。

図 6-2 「十文字表」の記載例

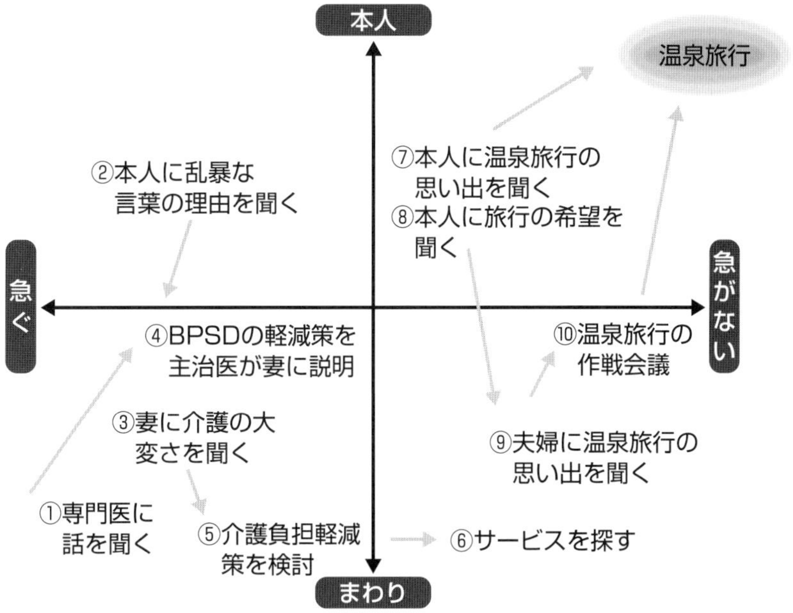

本人 ↑

急ぐ ←——————————→ **急がない**

↓ **まわり**

- ①専門医に話を聞く
- ②本人に乱暴な言葉の理由を聞く
- ③妻に介護の大変さを聞く
- ④BPSDの軽減策を主治医が妻に説明
- ⑤介護負担軽減策を検討
- ⑥サービスを探す
- ⑦本人に温泉旅行の思い出を聞く
- ⑧本人に旅行の希望を聞く
- ⑨夫婦に温泉旅行の思い出を聞く
- ⑩温泉旅行の作戦会議

→ 温泉旅行

2 キャスティング（配役）を行う

　事例検討会で検討した事柄の実行は、基本的には事例提供者が中心となります。ただ、チームケアで利用者に接するわけですから、支援目標に挙げられた項目を実行する適役は、すべてが事例提供者であるとは限りません。

　十文字表の事例でいえば、本人の暴言は、妻の夫への接し方が要因となっているようなので、その要因と認知症の人の気持ちを妻に理解してもらう必要があります。では、妻にそのことを説明する適任者は誰でしょうか。この事例の場合は、認知症の専門医が説明役の適任者とされたようです。

　また、配役だけではなく、それぞれの配役がどのような実行の仕方をしたらよいのかということや実行日の目安を決めると、支援計画が具体性を帯びてきます。「誰が、いつ頃までに、何をするのか」。現在進行形の事例についての「支援計画の策定」では、事例提供者を中心にここまで決めたいものです。

実行の仕方まで検討すると演じやすい

4 実践力向上のために欠かせない「感想(評価)」

　通常の会議であれば、「支援計画の策定」(「見立て」をゴールとする場合は「アセスメント」)で結論は出るわけですから、会議の目的はそれで達成できます。一方、事例検討会は、「実践力向上」が大きな目的の一つですから、「結論」は目的の一部でしかありません。

　事例検討の「締め」として、必ず「感想(評価)」の時間を設けたいものです。

1 参加者が感想を言い感謝をする

　適切に展開された事例検討会は、事例提供者だけではなく、参加したすべての人に実践力向上のための贈り物を届けるはずです。司会者は、参加者一人ひとりから、「本日の事例検討会の感想」をコメントしてもらいます。その感想を聞きながら、ほかの参加者は、「なるほど、そのような学びもあったのか」と認識を新たにすることでしょう。感想を「今日は勉強になりました」の一言で終わらせると事例提供者や参加者の実践力向上に役立たない感想となってしまいます。また、感想とともに、事例提供者にねぎらいの言葉をかけ、自らの実践の内容を開示してくれたことの勇気と、学びの材料を提供してくれたことへの感謝の言葉を贈ります。

2 事例提供者が事例検討会を振り返る

　事例検討会の主役は、事例提供者です。参加者の感想よりは長めに、この日の事例検討会の準備から今までを振り返ります。事例検討会を通じて、どのように視点、着眼点、課題の捉え方、利用者に対する気持ちが変わったのか、どのような気づきがあったのか、何を感じ、明日からの支援にどう生かしたいのかなどをコメントします。また、参加者のどの質問が気づきのきっかけとなったのかなどを述べると「参加者スキル」の向上に貢献します。そして最後に、よい機会を与えてくれたこと、サポーティブな雰囲気のもとに気づきを与えて

くれたことに対する感謝の気持ちを伝えます。

3 司会者（ファシリテーター）による総括と拍手

　この日の事例検討会を手短に凝縮するとともに、何を得ることができたのかを司会者（ファシリテーター）が総括します。スーパーバイザーが別にいる場合は、スーパーバイザーからもコメントをもらいます。そして、事例提供者に全員で拍手を送り、もちろん事例の登場人物に大いなる感謝をして、事例検討会を終了します。

登場人物への感謝と事例提供者への拍手で終わる

＜引用・参考文献＞

1) 岡田進一『ケアマネジメント原論――高齢者と家族に対する相談支援の原理と実践方法』ワールドプランニング、85頁、2011年
2) 三井さよ「かかわりのなかにある支援――『個別ニーズ』という視点を超えて」『支援』Vol.1、11頁、2011年
3) 脇田愉司「支援とは何か――その背後にあるものから」『社会臨床雑誌』第11巻第1号、28頁、2003年
4) 上原久『ケア会議の技術2――事例理解の深め方』中央法規出版、43頁、2012年
5) 野中猛・高室成幸・上原久『ケア会議の技術』中央法規出版、144頁、2007年
6) 前掲書4)、44頁
7) 上原久「『野中方式』の目的と方法」『ケアマネジャー』第19巻第1号、中央法規出版、76・77頁、2017年

第7章 現在進行形の事例検討会

1 有効な「手立て」のための「見立て」
2 「見立て」から「手立て」につなぐためのアセスメント
3 「手立て」のアイデアから「できること」を選び取る

1 有効な「手立て」のための「見立て」

　現在進行形の事例検討会を紹介します。ある地方都市で開かれたもので、事例提供者が「行き詰まり感」を強く抱いた事例です。利用者（Aさん）は「このまま在宅生活を続けたい」と願っていますが、自らの健康管理不足もあり入退院を繰り返します。同居家族は「閉鎖的」で、なかなか取りつく島がないようです。地域外の通所介護（デイサービス）を利用しているため、二女が送迎しています。ただ、精神状態が不安定で、二女の体調が悪いとデイサービスに通えず、これも利用者本人の健康管理に悪影響を与えてしまいます。ケアマネジャーがさまざまなサービス等の提案をしても、おおむね却下されてしまいます。利用者もどうすればよいかわからず困っているようですが、ケアマネジャーも同様に現状の打開策が見つからずに頭を抱えています。そんな事例の行き詰まり感を突破するための「手立て」を検討してもらえないだろうかと事例提供者は考えているようです。

　利用者は複数の疾患を抱え、さらに、入退院を繰り返している現状を考えれば、手立てとして、「医療との連携」は必須でしょう。さらに、事例提供者が感じている「閉鎖的な家族」へのアプローチの手立ても検討したいところです。

　そんな事例検討会を紹介します。さて、どのような「手立て」にたどり着くことができるのでしょうか。

　とはいえ、いきなり「手立て」に進むわけにはいきません。有効かつ実行可能な「手立て」にたどり着くためには、今、起こっている状況についてのできるだけ正しい「見立て」が必要であることはいうまでもありません。事例提供者がアセスメントで見落としていることはないのでしょうか、利用者や家族の思いに誤解はないのでしょうか、迷路に迷い込み見えなくなっていることがあるのではないでしょうか、「個別性」を忘れ「一般論的なものの見方」になっていないでしょうか——。そのような点に留意しながら、まずは「見立て」のための検討を行います。

1 「事例タイトル」と「事例提出理由」に事例提供者の行き詰まり感をみる

　　　居宅介護支援事業所のケアマネジャーが中心になって定期的に開かれている事例検討会だ。地域包括支援センターの職員もメンバーとして参加している。馴染みのスーパーバイザーが司会者（ファシリテーター）となることもあって、旧メンバーの参加もあった。参加者は、事例提供者と司会者を含めて14名だった。

　　　事例提供者は、今回は、手立てまでの検討を希望している。2時間の所要時間は、あっという間に過ぎるだろう。馴染みのメンバーであるため自己紹介は省き、当日配付された「事例検討シート」に沿って、事例提供者のプレゼンテーションが始まった。

　　　事例提供者は、医療法人が運営する居宅介護支援事業所に所属している女性ケアマネジャーだ。基礎資格は介護福祉士で、この年に主任介護支援専門員研修を受ける予定だという。ここでは、田中さん（仮名）としておく。

> **事例タイトル**
> 入退院を繰り返す利用者と閉鎖的な家族の支援を考える。

> **事例提出理由**
> 利用者本人の無自覚および家族の体調の変化によって、健康管理がうまくいかない。本人は自宅での生活を望んでいるが、入退院を繰り返している状況である。閉鎖的な家族へのアプローチの仕方や、本人の望む生活の実現に向けた手立てを検討したい。

　　　事例タイトルと事例提出理由に関して、司会者が質問を行う。

司会者　閉鎖的というのは、どのような状態ですか？
事例提供者（以下、提供者）　他人を受け入れない状態です。地域包括支援センターからの引き継ぎのときに、「家族は閉鎖的だから」と言われました。
司会者　田中さんも、そのように感じましたか？
提供者　はい。
司会者　誰に対して「閉鎖的」なのでしょうか？
提供者　ケアマネジャーである私に対してもそうですし……、それと、今言っ

たように地域包括の人に対しても……。
司会者 閉鎖的な家族とは、誰でしょう？
提供者 妻、長女、二女と同居していますが、妻と二女です。長女は、訪問時にいつも不在です。

　司会者は、「閉鎖的」という抽象的な言葉について説明を求めた。抽象的な言葉は、参加者にさまざまな解釈を生み出す恐れがある。その言葉が選ばれた背景に加え、誰に対して、誰が閉鎖的なのかを最初に明らかにしておくことを司会者は選んだ。ただ、若干質問をたたみかけたと感じた司会者は、柔らかなトーンで事例提供者に聞く。

司会者 田中さんが、この事例を選んだ理由を聞かせてください。
提供者 実は、どうしてよいのかわからなくなっています。利用者のAさんは入院したくないのに、入院に結びつくような行為をしてしまいます。家族の体調も入院の原因に影響があるのに、家族にアプローチする方法がわかりません。ケアマネジャーからの提案もことごとく拒否されてしまいます。今後の手立てのヒントをいただきたく、この事例を選びました。

　まさに八方塞がりともいえる行き詰まり感。事例検討会は、有効な手立てを事例提供者に贈ることができるのだろうか。事例検討会は、「事例概要の把握（事例提供者のプレゼンテーション）」に移っていくことになるが、事例提供者によるプレゼンテーションは省略する。このプレゼンテーションは、「事例検討シート」に沿った内容で行われたので、別添の「事例検討シート1・2」（P.191・192）を見ていただきたい。

2 若干の質問の後、生活歴を整理する

　事例提供者のプレゼンテーションについて、司会者は少しだけ質問を加える。先ほど、「閉鎖的な同居家族」について質問を行ったが、その確認といえる内容だ。「事例検討シート1」のジェノグラムを、ホワイトボードに転記しながら質問した（**図7-1**）。この事例の理解において、家族関係は特に重要と思われるからだ。参加者からの質問にすべてをゆだねる方法もあるが、司会者は事例の内容と今回の事例検討会のゴールを総合し、最初に少しだけ方向づけをしておくことにした。

司会者 同居家族は、74歳の妻、49歳の長女、47歳の二女ということですね。確認までに、子どもたちは全員未婚ということでよろしいですね。

提供者 はい、そうです。

司会者 このうち、妻と二女が閉鎖的で、長女は不在ということでしたね。

提供者 はい。

司会者 長女が不在の理由はなんですか？

提供者 仕事に行っているからです。

司会者 自宅を訪問したときに面接する家族は、妻ですか？　二女ですか？

提供者 そのどちらともほとんど話すことができません。

司会者 困りましたね。どういう事情か話していただけますか？

図 7-1 │ 家族状況（ジェノグラム）

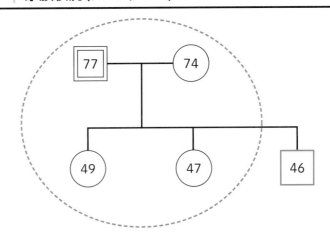

　ケアマネジャーにとって家族と面接ができないということは、きつい状況だ。司会者は「困りましたね」と言葉をかけ、事情の説明を促した。この事例の特殊性（個別性）が早くも顔を出したようだ。

提供者 モニタリングに行くと、離れに案内されます。案内してくれるのは、おおむね奥さんです。

司会者 Ａさんの居室ではないのですね。

提供者 はい。居室は母屋にあります。そちらには入れてくれません。離れではすでにＡさんが待っていて、奥さんはお茶を持ってくるとすぐに退出してしまいます。何度か、「奥さんもごいっしょに」と声をかけたのですが、「私はいいですから」といっしょに話せたことは一度もありません。二女は顔を合わせても挨拶程度です。

司会者 ということは、面接の相手はＡさんだけですね。

提供者 そうです。ただ、Aさんは難聴が進み、コミュニケーションをスムーズにとれません。

これが、「同居家族が閉鎖的」と事例提供者に思わせる状況だ。その裏には何があるのか。それについては参加者からの質問を待つことにする。また、司会者はここまでの質問と応答のなかで、事例提供者に気づいてほしいことが2点あることを見つけている。

> **事例提供者に気づいてほしい本人（Aさん）の力**
> ・ケアマネジャーの訪問を「離れ」に移動して待っていること。
> ・難聴で相手（ケアマネジャー）の話が聞き取りづらいのにもかかわらず、一人で対応しようとしていること。

事例検討会では、困難な現状に関心が集中するあまり、利用者の力を見逃すことがしばしばある。この事例検討会における事例提供者のモニタリングについての発言においても、「閉鎖的に見える家族」や「コミュニケーションが難しい利用者」という状況にとらわれて、本人が発揮している力に視点が向けられなかったようだ。

本人の力の確認や再発見は、事例提供者並びに参加者が自ら気づいてほしい重要な要素だ。そこで、司会者はこの場で「本人の力の見落とし」を指摘することをやめ、参加者と事例提供者の間で交わされる質問と応答にゆだねてみることにした。

司会者は生活歴についての質問に移る。ただ、事例提供者が言うように本人からの情報の入手には限りがあるようで、難聴が進む前に地域包括支援センターの職員が聞き取ったという主なライフイベントと既往歴を中心に司会者がホワイトボードに整理した（**図7-2**）。なお、司会者と事例提供者の質問と応答は省略する。

図7-2 生活歴

年齢	出来事
0	県内の山村で生まれる
18	当市で造園業の仕事に就く
26	結婚
28	長女誕生
30	二女誕生
31	長男誕生
40	甲状腺腫瘍・気管支喘息
50	造園業を自営で始める
60	郊外に転居
65	心筋梗塞・肝臓の腫瘍
70	自営業を廃業
73	狭心症・COPDでHOT
76（歳）	内痔核の手術

3 事例の全体像把握①〜生活歴についての質問

　利用者の「今」を知るために、生活歴や家族歴についての質問が開始された。板書された生活歴やジェノグラムでは、不明なところがあるからだ。事例提供者にも限られた情報しかないのだが、「何がわかっていないのか」を明確にするためにも質問と応答は大切だ。

司会者　では、AさんとAさんの置かれている状況を理解するための質問を始めましょう。
参加者　Aさんの親やきょうだいについての情報は入手できていないのでしょうか。ジェノグラムには記載されていないようなので……。
提供者　かかわり始めた頃は、今よりもコミュニケーションがとれたのですが、そのときに聞きそびれてしまいました。地域包括支援センターが把握しているだろうと思い込んだこともありました。その後、入退院を繰り返すようになったので落ち着いて生まれ故郷のことを聞くことができず、さらに難聴が進み、情報が入手しづらくなってしまいました。
参加者　40歳のときに、甲状腺腫瘍と気管支喘息の既往歴があります。それから病気がちになったとのことですが、仕事に何か影響は出ましたか？　造園業といえば、体を使う仕事だと思うのですが……。
提供者　Aさんが就職したのは、地元ではそれなりに有名な造園業者です。一般住宅の造園だけではなく、公園や道路などの公共工事に伴う造園も手がけています。Aさんは、40歳で体を壊したのを契機に現場職から営業職に変わったそうです。慣れない営業に苦労するはずでした。ところが、なんと営業はAさんの肌に合っていたようで、8年後には独立開業してしまいます。もっとも、それまでに勤めていた造園業の下請けがメインだったそうですが、ちょうどバブル景気の波にも乗れたそうです。
司会者　そのあたりの情報は入っているようですね。生まれ故郷の生育歴に関する情報はほとんどなかったようなのですが……。

　生活歴についての情報量のギャップを司会者は質問した。故郷の生育歴の薄さに比べ、仕事についての情報が厚い。事例のなかにある「不自然さ」が事例の「個別性」につながることもある。

提供者　仕事についての情報は、直接私が収集したわけではありません。Aさ

んが通っているデイサービスに土木建設業出身の理学療法士がいます。その土木建設業者はAさんが勤めていた造園の会社に発注をしていて、二人はとても話が合うようです。もちろん、働いていた時期は違うのですが。理学療法士が「ケアマネにも伝えていいか」とAさんの承諾を得たうえで、いろいろと教えてくれました。

司会者 仕事をリタイアした人が要介護状態になると、特に昔の仕事仲間とは疎遠になる傾向があると思います。それだけに、仕事の話ができる相手というのは、とても貴重な存在なんでしょうね。

　生活歴のなかで何に愛着を感じているかは人それぞれに違う。語りたい内容も相手によって違う。そのことを意識しながら、利用者の生活歴に関心を向けていく。

司会者 バブル景気というのは、昭和から平成に元号が変わる前後の異常ともいえる好景気でしたね。特に、土地などの資産価格が泡のように暴騰して、やがて、泡のようにはじけました。バブルの波に乗った事業者には、バブル崩壊とともに退場したものも少なくないと聞きます。Aさんが独立開業したのは、まさにバブル景気のピークの頃だと思います。ところが数年後にはバブル景気は崩壊してしまいます。Aさんは大丈夫だったのでしょうか？

　生活歴を見ていくとき、「時代」の影響を考慮に入れると利用者理解がより深まる。戦中、戦後、好景気、不景気、文化、流行、価値観の変遷……。そのなかで、利用者はどのように時代と向き合い、何を選択し、喜びや悲しみとともにどのように生きてきたのか、または、生き延びてきたのだろうか。

提供者 そのことについての情報はありません。ただ、自営業の廃業が数年前で、20年間事業を続けてきたわけなので、頑張ってこられたのだと思います。そういえば、「造園業を営んでいらしたんですね」と聞いたとき、「苦労のほうが多かった」とおっしゃっていたことを思い出します。いろいろとあったのでしょうね。

参加者 60歳のときに郊外に転居しています。自宅と仕事場は兼用ですか？

提供者 訪問のときにいつも通される離れは、仕事場を改修したものだと聞きました。仕事場というより道具置き場といった感じでしょうか。かつて使っていた造園の道具がいくつか置いてあります。

参加者 どのような道具ですか？

提供者 脚立、ロープ、道具箱などです。

転居の理由は、実は、Aさんの家族の「閉鎖性」と関連があるのだが、この時点ではその関連性が描けるまで事例検討は深まっていない。生活歴についての質問がいくつか続いた後、現在の状況についての質問に移った。

4 事例の全体像把握② 〜現在の状況についての質問

現在の状況は、まず、デイサービスについての質問に意見が集中した。

1　デイサービスについて

参加者　「事例検討シート」の「支援概要」の欄を見ると、デイサービスは、車で片道40分かかるそうですね。二女が送り迎えをしているということは、サービス提供地域外ということでしたね。

提供者　はい、そうです。

参加者　それで、近隣のデイサービスへの変更を提案したのですね。Aさんに負担がかかるからですか？

提供者　もちろん、それもあります。加えて、二女の体調にデイサービスの利用が影響を受けるというのが大きな理由です。二女は体調の浮き沈みが大きく、体調が悪い日が続くと、デイサービスを休まざるを得なくなります。

参加者　どれくらいの頻度で、体調の浮き沈みが起こるのでしょうか？

提供者　2か月体調がよい日が続くことはなく、体調が悪くなると、短くて1週間、それ以上長引くことも多く、Aさんの体調に悪影響がでます。

参加者　デイサービスにはどのような目的で通っていますか？

提供者　デイサービスに通うのは呼吸リハビリテーションが目的です。AさんはCOPD（慢性閉塞性肺疾患）でHOT（在宅酸素療法）を行っています。その点において、呼吸リハビリテーションは、Aさんにとって、なくてはならないものになっています。

司会者　呼吸リハビリテーションの目的をここで整理しておきましょう。

司会者は、呼吸リハビリテーションについての知識を参加者で共有しておくことにした。司会者は基礎資格が看護師であるケアマネジャーを指名した（医師やリハビリ専門職の参加者がいなかったため）。

指名された参加者　運動療法を中心に、呼吸困難感の軽減を行います。これにより、体を動かして起こる息苦しさが少なくなり、身体活動、ADL、QOLが改善していきます。また、疾患が増悪しないようにするための自己管理能力の向上や抑うつや不安の軽減なども実現していきます。

司会者　ありがとうございます。（事例提供者に向かい）田中さん、Aさんの場合も、今のような説明でよろしいでしょうか？

　　これは、一般的な説明を事例の個別性に重ねるための確認だ。

提供者　はい。その通りだと思います。説明、ありがとうございました。
司会者　では、質問を続けてください。
参加者　Aさんが、デイサービスに通えなくなったとき、Aさんの体調にどのような悪影響がでるのでしょうか？
提供者　自己管理のたがが外れ、体重が急激に増えてしまいます。家にずっといて、食べたり飲んだりしてしまうようです。
参加者　心不全もあるので、体重のコントロールは特に必要ですね。どのような物を食べたり飲んだりするのでしょうか？
提供者　サイダーと日本酒を飲み、コンビニでつまみや弁当を買ってきて食べているようです。その場面を目撃したわけではありませんが、体重が増えた理由を尋ねたときに、本人が告白してくれました。
参加者　「入院をすれば10kg程度減量」と支援概要にあります。身長とベスト体重を教えてください。
提供者　身長は170cmで、75kg程度を目安にするように指導されています。また、80kgを超えないようにとも言われています。
参加者　指導は？
提供者　循環器科の先生です。
参加者　でも、80kgを超えてしまうのですね。
提供者　そうです。大抵85kgぐらいになると入院です。
参加者　それで、二女の体調の不良でデイサービスを休むことがないように、近隣のデイサービスまたはデイケアへの変更を提案したのですね。
提供者　はい。呼吸リハビリテーションを行える事業所を探して提案しました。
参加者　でも、拒否されたわけですね。
提供者　はい。近いところを何か所か探して紹介するのですが、「いやです」と断ります。
参加者　近隣のデイサービスをどのように勧めましたか？
提供者　呼吸リハビリテーションを行えることと、送迎は事業所でやってくれ

ること。主にはその2点です。でも、「送り迎えは娘がやってくれるから」と言います。
参加者 でも、二女は体調が悪くなると送迎ができない。デイサービスの事業所を変えることを断る理由になっていないような気がするのですが……。
提供者 そうですねぇ……。
参加者 今通っているデイサービスの理学療法士とは、かつての仕事の話ができるほどの関係なのですよね。その理学療法士がいるからデイサービスを変えたくないということは考えられますか？
提供者 確かにそれもあるかもしれません。でも、それだけではないような気がします。
参加者 思いあたる理由があるのでしょうか……。
提供者 ……。

　事例提供者は、援助者としての直感を具体的に言葉にできないでいる。気づきの前兆かもしれない。ここは、考える時間を与えたいところだが事例検討会の時間には限りがある。参加者が事例提供者に回答を迫る様子も気になる。司会者が介入する。

司会者 デイサービスを変えたくない理由に加え、自己管理を怠ってしまう背景に、この事例を理解するかぎがあるかもしれません。結論を焦らず、もう少し質問を重ねていきましょう。

2　二女について

参加者 二女は、どのように体調が悪くなるのでしょうか？
提供者 精神的な不安定さです。
参加者 病名はあるのでしょうか？
提供者 わかりません。
参加者 受診はしていますか？
提供者 それもわかりません。
参加者 精神的な不安定さにより体調が悪くなるというのは、田中さんが直接目撃したことなのでしょうか？
提供者 いえ、そうではありません。Aさんがデイサービスを休んだので自宅を訪問しました。奥さんに二女のことを聞くと、「娘は気分が落ち込んでいるので」とおっしゃったことがあります。その後、Aさんにも二女の体調のことを尋ねると、「気持ちの浮き沈みが激しくてね」とAさんが言いました。

参加者 二女は働いていますか？
提供者 いいえ、今は働いていないようです。精神的な不安定さがその大きな理由かもしれません。
参加者 二女と言葉を交わしたことはありますか？
提供者 はい。挨拶程度ですが……。
参加者 そのとき、精神面でトラブルを抱えている印象はありましたか？
提供者 いいえ、特に感じませんでした。
参加者 デイサービスの送迎は、二女が車を運転していくのですね。通院のときもそうでしょうか？
提供者 はい。
参加者 入退院のときの送迎は？
提供者 二女が行います。デイサービスの送迎を休んでいるときも、入院となると二女が車を出します。私が担当してから救急車を呼んだことはありませんし、介護タクシーを提案しても、「二女に送ってもらうからいらない」と言います。入院は、Aさんが苦しさを訴えることが発端になるようです。
参加者 入院するかどうかの決定、つまり、病院との連絡は誰がするのでしょうか？
提供者 Aさんは電話をかけることが難しいので、家族の誰かだと思います。それが誰かを確認したことはありません。
参加者 入退院の手続きは、Aさんですか？ 二女ですか？
提供者 二女です。Aさんが「娘が手続きしてくれるので助かる」と言ったことがあります。
参加者 病院から家族への病状の説明や退院時の指導は二女に行うのでしょうか？
提供者 病院に同行する家族は二女だけなので、当然そうだと思います。

　病院が行う病状説明などの一般的な傾向について司会者が補足する。

司会者 患者が高齢者の場合、家族が同行していれば、本人よりも家族に対して手続きや説明をすることが多いのが現状ですね。ましてや、Aさんは難聴があってコミュニケーションをとるのが難しいので、なおさらでしょう。
参加者 二女は、病院側からの説明や指導を理解できますか。
提供者 理解できていると思います。
参加者 現在、仕事をしていないということですが、以前はどうでしょうか？
提供者 「事業をしていた頃は、自分の仕事を手伝ってもらっていた」とAさんが話したことがあります。

参加者 お化粧はしていますか？
提供者 しています。
参加者 濃い目、薄目？　上手ですか？
提供者 濃さは普通、上手な部類に入るかなぁ。
参加者 髪は？
提供者 髪は肩ぐらい、染めていなくて、手入れをよくしている感じです。
参加者 洋服は？
提供者 ワンピースが多いですね。
参加者 二女が乗っている車はなんでしょうか？
提供者 ドイツの車です。
参加者 家の車ですか？　それとも二女の専用車？
提供者 Aさんは、「事業をやめたときに二女のために買ってやった。退職金代わりだ」と言っていました。
参加者 豪華な退職金ですね。父と娘、つまり、Aさんと二女は仲のよい関係ですか？
提供者 二人で話しているとき、どちらもとても和やかな顔になります。笑顔が混じることもあります。私が知っている利用者の父と娘のなかでは、トップクラスの仲のよさだと思います。小さな子に対して「目の中に入れても痛くない」といった表現をしますけど、Aさんが二女を見る目や言葉遣いがまさにそれでした。
参加者 デイサービスへの送迎の最中、二人はどのような話をするのでしょうか？
提供者 そうですねぇ。――そうかあ。デイサービスが送迎するようになったら、Aさんにとっての大切な時間がなくなってしまうわけですね。

　二女の送迎は、デイサービスを変えたくない大きな理由なのかもしれない。事例提供者はそれに気づいたようだ。

提供者 私、Aさんの気持ちと逆の提案をしていたのかもしれませんね。

　司会者は、この機を捉える。

司会者 かわいい娘が体調を崩しているとき、親は心配でしょうね。
提供者 そうです。子どもが病気になったとき、親は本当に心配します。できるものなら代わってやりたい気持ちにもなります。それが親だと思います。
司会者 そのとき、親は自分の健康とかに注意はいくものですか？

提供者 子どもの病気を引き受けたいくらいですから、自分の健康に構ってなんかいられません。そうですね。Aさんが自己管理のたがが外れるのも、デイサービスに行けないということより、親として、二女の体調を心配するあまりかもしれません。

　この事例の重要なかぎは「家族」にありそうだ。一般的に事例検討会では、前半に広く情報収集を行いながら「事例の鉱脈」を探す。この事例検討会では、その鉱脈に早くも触れたようだ。参加者の関心は「家族」に向けられた。

3　妻について

参加者 自宅を訪問したときに、奥さんが離れに案内してくれた後、すぐにいなくなってしまうということですね。Aさんに奥さんのことを尋ねたことはありますか？
提供者 はい。「妻は人前に出たがらないので」ということでした。
参加者 案内してくれるときの印象はどうですか？
提供者 視線を合わせず、うつむき加減です。
参加者 お化粧はしていますか？
提供者 見た感じでは、していないように見えます。
参加者 服装など、身なりはどうでしょうか？
提供者 年相応というのでしょうか。ただ、身のこなしに覇気がないというか、どこか疲れたような感じがあります。
参加者 健康状態はどう見えますか？
提供者 かなり痩せています。奥さんの健康状態をAさんに聞いたところ、「妻もそれなりに年だからねぇ、いろいろと悪いところはあるだろうね」と、ひとごとのように話します。
参加者 支援概要に、「妻の側にいたいために入院はできない」とあります。これは、Aさんの言葉ですか？
提供者 そうです。
参加者 妻の健康状態をひとごとのように話すことと、「妻の側にいたい」と言うAさんは、なんだか別人のような感じも受けます。

　なにかしっくりこない……という違和感、それは、事例検討会のなかで重要な引っかかりとなる。

提供者 私もとても変な感じがしたことを思い出します。

司会者 その「変な感じ」は、大切にしたいですね。

提供者 「奥さんは、どこか病院を受診されているのでしょうか?」とAさんに聞くと、意外な答えが返ってきました。「長女に任せているから」と言うのです。

　長女の話が出てきた。事例提供者が訪問したときに仕事に出ていて不在という同居家族だ。長女は、家族のなかでどのような役割を担っているのか。

4　長女について

参加者 長女の仕事は何ですか?

提供者 今は、看護助手をしていると聞きました。慢性期医療の病院が勤め先で、通勤に1時間以上かかるということです。

参加者 「今は」ということは、以前は別の仕事をしていたわけですね。

提供者 はい。介護の仕事のすぐ前かどうかはわかりませんが、大学を卒業し、電力会社に勤めていたようです。

　電力会社といえば、地方においては最大手企業だ。

参加者 電力会社は、いつ、どんな理由で辞めたのでしょうか?

提供者 かなり前のはずです。「こっちに移ってくる前は、長女は、○○電力に勤めていた」とAさんから聞いたことがあります。辞めた理由は聞いていません。

参加者 郊外に転居したのが……長女が32歳の年ですね。Aさんは60歳。転居の理由は何でしょう?　Aさんの仕事の関係でしょうか?

提供者 それは違うようです。引っ越してからはそれまでの得意先の仕事が減って苦労したと馴染みの理学療法士に言ったそうです。少なくとも、仕事の関係での積極的な転居ではないと思います。

参加者 新築だったのでしょうか?

提供者 違います。前は、農家だと思います。離れは改修していますが、母屋はかなり古い造りです。

参加者 市の郊外ということですが、どのような地域ですか?

提供者 広域合併で市に編入された地域で、果樹園や畑が広がる農村地域です。公共交通機関はバスのみです。近くに工業団地ができた頃は、道路が整備され、誘致企業関連の共同住宅も建設されました。ところが、長引く不況で団地に工場を建てる企業も少なく、さらには、工場の撤退もあり、開発の爪跡が残

る地域になりました。市の中心部から遠く、宅地化もそれほど進んでいません。

司会者　「住めば都」とはいいますが、Ａさんとその家族にとっては、希望のある転居だったのかどうか……。

提供者　それはなんともわかりません。でも、前に住んでいた地域はとても便利がよく、しかも、持ち家だったといいます。実は、私も、なぜ引っ越したのだろうかと思い、引っ越しの理由を何度か聞いたことがあります。

参加者　何度もですか？

提供者　はい。聞くたびに答えが違っていて……。最初は「仕事の都合で」と聞いたのですが、理学療法士の話を聞くと、どうやらそうではないらしい。２回目にそれとなく聞いたときは、「空気がいいから」と答えました。それだけで引っ越すものだろうかと思って、３回目に聞いたときは、「いろいろあってね。知っている人がいないところに引っ越したんだ」とＡさんは言いました。私は、Ａさんの語り口や表情から、３回目がおそらく本当のところではないかと思いました。

司会者　長女が電力会社を辞めた理由とも、もしかしたら重なるかもしれませんね。

参加者　長女は、地元では指折りの優秀な進学高校を出て、地元の国立大学に入学し、電力会社に就職しました。実は、長男は長女よりもさらに優秀だったそうなのです。大学は東京の国立大学。就職も東京の一流企業。ですが、今は、これは推測なのですが……どこかの施設に入っているようなのです。

　　新しい事実が出てきた。

5　長男について
- -

参加者　施設とはどのような？

提供者　わかりません。普通の情報収集の際、「息子さんはどこにいらっしゃるのですか？」とＡさんに聞いたとき、「市外にいる」と返事をした言い方がとても歯切れが悪かったのです。それで、「息子さんはどうかされたのですか？」と思わず聞いてしまいました。すると、「あんまり、言えないなぁ」と答えが返ってきました。転居の理由を聞いたのは、それからしばらく後のことでしたが、「（息子のことは）あんまり、言えないなぁ」と「（転居したのは）いろいろあってね。知っている人がいないところに引っ越したんだ」が結びつきました。おそらく、長女が電力会社を辞めた理由も同じでしょう。長男が施設にいると思ったのは直感です。それらの因果関係をＡさんに確認したわけではありません。でも、事例を振り返った今、きっとそうなのだなぁと強く思い

ます。

　　ここで司会者が介入する。

6　司会者の介入

　　司会者　田中さんの今の発言は、事例に登場する方々に確認をとれたものではありません。とはいえ、それを確認することは控えたほうがよいのかもしれません。田中さんが今までに入手した情報を結びつけると、おそらくは田中さんの読みにかなり近い線ではないかと推測できます。また、「施設」といってもさまざまなものがあるという点をつけ加えておきましょう。

　　さて、転居の理由についての検討はここまでとします。事例検討会は、事例に登場する方々が知られたくないことや、語りたくないことを、あれやこれやと詮索する場では決してありません。この事例の場合は、「何かの事情で転居した」程度に留めておきましょう。また、ここで見聞きしたことは、匿名であっても皆さんの心の内にとどめ、決して外には出さないようにしてください。これは、すべての事例検討会に共通することですが、ここで再度確認しておきたいと思います。

　　では、「見立て」を続けましょう。

7　質疑応答が続く

　　ADLとIADL、心身状況、HOTの管理、家事、経済状況、家屋環境、訪問看護の内容、病院との連携などについて「事例の全体像把握」が進められた。明らかになったことを整理する。

> **「全体像の把握」で明らかになったこと**
> ・HOTは自己管理。流量は安静時1ℓ、労作時2ℓ。
> ・月1回の訪問看護は、バイタルチェックとHOTの管理（在宅酸素の機械メーカーの人が訪問看護に同行）。バイタルチェックは離れ。HOTの機械は母屋の玄関。訪問看護が入ることができるのも玄関まで。
> ・セルフマネジメントの不足を補うため、訪問看護の回数を増やしたらどうかという提案は拒否。長女の判断だという。
> ・デイサービスの回数を増やす、介護用のベッドを入れる、補聴器を使う、二女の体調不良の際は介護タクシーを利用するなどの提案はすべて拒否。すべて、長女の意図があるようだ。

- デイサービスに行かない日は、何もせずに過ごす。難聴の進行とともに、テレビも観なくなった。かつては、相撲と野球の中継をよく見ていた。
- 病院の水分制限の指導は1日1ℓ。
- デイサービスを休むようになると、昼はサイダー、夜は日本酒を飲み過ぎてしまう。「日本酒はコップ1杯だけ」と本人は言うが、もっと飲んでいるようだ。それを注意する家族はいない。
- 認知症高齢者の日常生活自立度Ⅱaは、認知症というよりも難聴によりコミュニケーションがとりづらいことを医師が評価の材料にしたのではないか。
- 障害者手帳はもらっていないが、等級をつけるとしたら聴覚障害6級程度だろうと医師は言っている。6級は40cm以上の距離で発声された会話語が理解し得ない程度。
- 家事は妻が行っている。妻が寝込んだとき（半月に3～4日程度）は二女が行う。二女は簡単な料理しかできない。とはいえ、店屋物や出来合いの惣菜ではなく二女が調理する。二女が父親（Aさん）の栄養指導の内容を料理に反映するのは難しい。
- 経済状態は、年金収入が夫婦で15万円程度。それに長女の給与。その他の収入はない。貯蓄額は不明。家計の管理は長女。

「事例の全体像把握」も終盤に近づいた。ここからは質疑応答のいくつかをダイジェストで紹介する。

8　家屋環境について

参加者　モニタリング面接は、いつも離れで行うということですが、母屋には入ったことがないのでしょうか？

提供者　一度だけ入りました。

参加者　母屋に入ることができたのですか？

提供者　Aさんの入院中に、病院からリハビリの専門職が「家屋調査」に出向くことになりました。その際に同席を求められ、母屋に入りました。

参加者　訪問看護も玄関までしか入ることができないのに、よく入ることができましたね。

提供者　それが、ちょっと不思議なんですけど……。

司会者　「手立て」を考える際の参考になるかもしれませんね。それで、母屋の様子はどうでしたか？

提供者　物がすごくあふれていました。

参加者　どのようにでしょうか？

提供者　キッチンは覗き見ただけですが、生活用品がテーブルの上に積み上げられていて……。

参加者　食べ物もですか？

提供者　そこまでは、よく見ていません。

参加者　部屋のにおいはどうでしょう？

提供者　臭さは感じませんでした。

参加者　床にも物が積み上がっていましたか？

提供者　「Aさんが利用する部屋はどこですか？」と聞いて、8畳ほどの部屋に入ったんですけど、布団を一枚敷くことができるかどうかのスペースしか畳は見えず、こたつ、箪笥（たんす）、本棚、テレビ、ワゴン、袋に入れられた新聞などが、ぎっしりならんでいました。布団も押し入れではなく、畳の上にたたまれていました。

参加者　ごみが散乱している感じですか？

提供者　いえ、そんな感じではなく、とにかく物が多いという感じです。

参加者　袋に入れられた新聞というのは……。

提供者　新聞販売店がくれる袋にきちんと入れられた新聞です。何か月分もあります。

参加者　廃品回収に出さないのでしょうか？

提供者　袋の口が閉じられていないので、取り出して読むのでしょうか？　廃品回収に出さない理由はわかりません。

参加者　住み心地というか、居心地はよさそうでしたか？

提供者　私はちょっと……という感じですが、Aさんにとっては案外居心地はよいのかもしれません。

参加者　酸素のチューブはそこまで延びるんですか？

提供者　はい。チューブは長くて、その部屋にも、離れにも届きます。

参加者　ベッドを置くとしたら。

提供者　離れでしょうね。家具も物も少なく、すっきりとした感じです。テレビもあります。ただし、Aさんは、そこで過ごしてはいないようですが……。

9　再び長女について

参加者　サービスやいろいろな提案を拒否するのは、長女の判断なのではないかと考えられるのですね。その理由を聞かせてもらえますか？

提供者　一度、Aさんに介護タクシーを提案して「二女に送ってもらうからい

らない」と言われた以外は、提案に対して即答せず、「娘に相談してみる」と言われました。最初、相談の相手は二女かなと思っていたのですが、なんだか違うようで、「相談されるのは、長女さんですか？」と聞いたことがあります。すると、「そうです。家のことは長女に任せているので」と言われました。

参加者　長女には会っていないんですね。

提供者　残念ながら。

参加者　長女のいる時間に訪問することは考えましたか？

提供者　はい。「今度、長女さんのお休みの日か、ご都合のよい時間に訪問したいのですが」とＡさんに尋ねたことがあります。すると、「長女は忙しいので、ちょっと会えないなぁ」と返されました。

参加者　電話で話したこともないのでしょうか？

提供者　ありません。

参加者　携帯電話の番号は知っていますか？

提供者　はい。二女の電話番号は知っていましたが、「何かあったらいけないので、もう一人教えてください」とＡさんに言ったら、長女の電話番号を教えてくれました。でも、そのときに、「長女は忙しいので普段はかけないでほしい」と言われました。

参加者　夜勤もあるのでしょうか？

提供者　はい。

参加者　夜勤明けに訪問するとか……。

提供者　訪問の日は前もって知らせますので、避けているのかもしれません。そのような気がします。

参加者　サービス等の提案を長女が断る理由はなんでしょうか？

提供者　直接聞いていないので、確かなことはわかりません。

参加者　経済的な理由でしょうか？

提供者　それもあると思いますが、なんともいえません。

参加者　なんとか、会いたいものですね。

提供者　本当に……。

10　再び二女について

参加者　入院の際の身元引受人は誰ですか？

提供者　二女です。

参加者　二女には、いろいろな相談はできないでしょうか？

提供者　二女に話を持ちかけると、「父のいいようにしてください」と返されます。

参加者 退院時のカンファレンスに二女は出席しますか？

提供者 はい。でも、発言することはありません。司会者が発言を促しても、「お任せします」とか、「父の望みどおりにお願いします」と言うだけです。

参加者 相談を受けるだけの能力がないのでしょうか？

提供者 私には、そうは思えません。成績のよい姉や弟の影で、二女は一歩下がりながら生きてきたのだと思います。どうしても、家族に相談したいことがあって、一度、「お姉さんと連絡をとってもいいですか？」と二女に聞いたことがあります。すると、「姉に連絡をするのはやめてください」と言われました。「お姉さんに、伝えてください」と伝言を頼むと、「わかりました」とは言うのですが……。

参加者 退院時のカンファレンスに二女は出席するということですが、サービス担当者会議に同席はしますか？

提供者 いえ、今までに一度も同席したことがありません。

参加者 病院のカンファレンスには出席してくれるのに、残念ですね。

提供者 そうですね。

11 病院側の認識

参加者 入院するのは、どのような病院ですか？

提供者 主に呼吸器科の病院です。心不全の症状が顕著なときは、総合病院に入院します。

参加者 病院の先生は、二女としか会ったことがないのですよね？

提供者 はい。家族への説明も二女にしますし、回診のときに、面会に来ている二女に声をかけたりもします。

参加者 面会は毎日ですか？

提供者 毎日、新聞を届けにきます。洗濯物の交換もします。一度、サイダーを持ってきたのを看護師に見つかり、それ以降、飲食物は持ってこなくなったということです。

参加者 Aさんが入院を繰り返すことについて、先生はどうみているのでしょうか？

提供者 そのことについて、話し合ったことはありません。ほかにも入院を繰り返す患者さんは多く、そのなかの一人だと捉えているのかもしれません。

参加者 先生に在宅の家屋環境とかを伝えたことがありますか？　ベッドが置けない状況とか、訪問看護師が玄関までしか入れない状況とか……。

提供者 ベッドをレンタルする提案を拒否されたことを相談したことがあるんですけど、「でも、やっぱり入れたほうがいいね」と言われてしまい、そこか

ら先に続きませんでした。
参加者 二女以外の家族のこと、妻や長女のことを伝えたことはありますか？
提供者 はい。でも、「ああ、そうなんですか」と流されてしまいました。
参加者 長女にカンファレンスに参加してもらうように先生から言ってほしいなどと、具体的な提案をしたことがありますか？
提供者 いいえ、ありません。
参加者 先生には、具体的な提案が必要かもしれませんね。
司会者 よいアイデアですね。「手立て」のアイデアについては、この後に話しましょう。大事な「見立て」を見逃してしまうかもしれません。もう少しだけ見立てを続けましょう。

　司会者は「もう少しだけ見立てを続けましょう」と介入した。実は、司会者には、確かめてみたいことがあったのだ。司会者が質問する。

司会者 私から質問します。入院中は二女は毎日面会に行くんですね？
提供者 はい。Aさんは新聞を心待ちにしていますから。夕刊と朝刊をセットで届けます。
司会者 自宅で療養しているときの受診の頻度はどうですか？
提供者 定期的な受診は、呼吸器科に月1回、循環器科に月1回。病院が違うので、別の日に予約をとっているようです。
司会者 二女の体調によって、受診が滞ったことはありますか？
提供者 いえ、ありません。
司会者 デイサービスの送迎は休むことがあるのに、病院には休まずに送迎したり、面会に行ったりするんですね。
提供者 本当にそうですね。意識してみていませんでした。
司会者 ほかに、質問はありませんか？

　この後、いくつかの質疑応答が行われ、「事例の全体像把握」が終わった。続いて、アセスメント（課題の明確化と解決すべき課題の設定）が行われる。通常、司会者（ファシリテーター）がリードしていくことも多いが、この事例検討会では、「本人や家族の力」のアセスメントを焦点化することにした。その方法として、司会者は、事例提供者にある問いを投げかけた。

2 「見立て」から「手立て」につなぐためのアセスメント

　「中途半端な見立て」からは、「よい手立て」は生まれません。ですが、「よい見立て」ができたからといって、自然に「よい手立て」が編み出せるものではありません。「よい見立て」を「よい手立て」に変換する結節点に位置するのが、「アセスメント」です。

　事例検討会で「見立て」を行うと、参加者は「見立て師」になり、そのつもりがなくても「上から目線」で事例をみてしまいがちになります。「上から目線」という言葉は、「専門職的な視点」と置き換えることができます。利用者本人や家族の「一般的な目線（庶民目線）」とは一線を画し、ついつい指導的になってしまうのです。

　Aさんの事例についていえば、入院を繰り返さないようにするためにはどのように指導すればよいのか、そのためにはどのような手立てがあるのかという議論になりがちなのです。「指導」の意識はなくても、知らず知らずのうちに「専門職的な視点」の押しつけになっていることが多いのだと思います。

　もちろん、「専門職的な視点」は重要です。「専門性」は専門職である人々の仕事の根拠です。とはいえ、医療サービスや介護サービスを選び、利用し、暮らしを営み、人生を生きていく「主体」は、利用者本人です。専門職が利用者の力を信じ（再評価し）、場合によっては家族の力も信じ、ともに歩み始めるとき、行き詰まった事例の歯車は、カチカチと音を立てて回り始めます。

　歯車の潤滑油は「気づき」です。目線を利用者レベルに転じたとき、それまでには気がつかなかった景色が見え始めます。家族の姿、サービス担当者の姿、そしてケアマネジャーの姿が利用者からどのように見えているのかに思いを巡らせば、利用者の心の声が聞こえてくるはずです。ケアマネジャーである自分自身の思い込みや勘違いに「はっ」と気づくこともあるでしょう。「よかれ」と思っていた「援助」が方向違いに思えてくることも少なくありません。方向違いの援助は利用者の心に届かないばかりか、利用者に歯がゆい思いをさせることすらあるのです。

1 アセスメント①　～「事例タイトル」と「事例提出理由」の再検討

　司会者は、「見立て」の深まりを踏まえ、事例提供者に「事例タイトル」と「事例提出理由」は、そのままでよいかどうかを聞いた。これは、これまでの質疑応答で事例提供者にいくつかの「気づき」が生まれたことを確信したことによる。

司会者　ここで、この事例検討会の最初に事例提供者の田中さんが掲げた「事例タイトル」と「事例提出理由」を確認することにしましょう。

> **事例タイトル**
> 入退院を繰り返す利用者と閉鎖的な家族の支援を考える。

> **事例提出理由**
> 利用者本人の無自覚および家族の体調の変化によって、健康管理がうまくいかない。本人は自宅での生活を望んでいるが、入退院を繰り返している状況である。閉鎖的な家族へのアプローチの仕方や、本人の望む生活の実現に向けた手立てを検討したい。

司会者　これまで「見立て」を行ってきました。「事例タイトル」と「事例提出理由」は、このままでよいですか？
提供者　変更します。
司会者　どのように直しますか？
提供者　「閉鎖的」という言葉をやめたいと思います。
司会者　理由を聞かせてもらえますか？
提供者　「閉鎖的」という言葉自体、あまりにも機械的だと思いました。「閉じる」か「開く」か、なにか、人と人との関係性において、ふさわしくない言葉だと感じています。それに、あまりにも援助者目線だと思いました。注目すべきは、「閉じるか開くか」といったゲート（門）ではなく、ゲートの奥にある本人や家族たちの思いや暮らし方なのです。また、私たちが覗こうとしてはいけないプライベートな部分があることも痛感しました。「閉鎖的」という言葉にはネガティブな響きがあります。
司会者　その通りかもしれませんね。

提供者 でも、門に鍵をかけることで安心できる暮らしもあります。閉じるから安心できることもあるのだと思います。だから、ネガティブに捉えるだけではいけない、無理に覗いてはいけない、こじ開けてはいけない……。なんだか、うまくまとまらなくてすみません。

司会者 いえ、とてもよくわかりますよ。「閉鎖」という言葉を使えば、なんとかそれをこじ開けようとしてしまいます。二枚貝をこじ開ければ貝は死んでしまいます。援助者が無理に開けず、そっとしておいたほうがよい暮らし方もあるはずです。

提供者 まさに、門をこじ開けて、なんとかAさんとその家族にアプローチしようとする私の姿がありました。「離れ」までしか入れないというのは、「あまり覗かないで」という家族のメッセージだと考えることができます。

司会者 その通りかもしれません。「事例提出理由」についてはいかがですか？

提供者 本人の健康管理がうまくいかないのは、本人の無自覚および家族の体調の変化だけではないことがわかりました。心と体には深い関係があります。本人が自覚し、家族の体調の変化に影響を受けない援助体制をつくるだけで健康管理ができるわけではないという気がするようになりました。

司会者 では、修正後の「事例タイトル」と「事例提出理由」を提示してください。

　修正後の「事例タイトル」と「事例提出理由」は、主に援助者側の思い込みをそぎ落としたものとなった。

> **事例タイトル（修正後）**
> 入退院を繰り返す利用者の支援を考える。

> **事例提出理由（修正後）**
> 利用者本人は自宅での生活を望んでいるが、入退院を繰り返している状況である。家族へのアプローチの仕方を含め、本人の望む生活の実現に向けた手立てを検討したい。

2 アセスメント②〜利用者や家族の見え方

　続いて司会者は、事例提供者に問いを投げかけた。これは、次に続く「手立て」の検討を「利用者主体」にするための「仕かけ」でもあった。

司会者　田中さんに聞きます。事例検討会を始める前と、「見立て」を検討した後の今では、Aさんや家族の見え方に変化がありますか？　もし、変化があればどのように変わったのかを聞かせてください。

提供者　Aさんをはじめ、家族はそれぞれ、いろいろなことを感じながら生きているのだなぁということを改めて感じています。Aさんは、「入退院を繰り返す問題のある利用者」ではありません。二女は、「Aさんの健康管理の足を引っ張る家族」としての位置づけではなくなりました。妻も長女も取りつく島がない人たちというより、家族が抱えるとある事情に耐え、それを懸命に乗り越えようとしている人たちだと見え方が変わりました。Aさんの健康管理のために家族の役割を考えるという思考を一度外したほうがよいのではないかと思うようにもなりました。

司会者　ありがとうございました。（参加者に向かって）皆さんも、事例検討会に臨んだ当初とは、随分と事例の見え方が変わったことと思います。では、「見立て」で垣間見えてきた「手がかり」を駆使しながら、Aさんが健康を維持し、自らが望む生活を維持するための「手立て」を考えていきましょう。

3 「手立て」のアイデアから「できること」を選び取る

　一般的に「手立て」のプロセスは、「支援目標の設定」「支援計画の策定」へと進んでいきます。ただし、この事例検討会の場合は、「きっかけとしての手立て」を提示さえすれば、事例提供者は十分に現場に反映できると司会者は考えました。なぜなら、「事例提出理由」に応えることができる「手立て」のゴールが、家族へのアプローチの方法であったり、本人の望む生活を実現するための支援の方法であったりするからです。「支援の優先順位までの検討」ではなく、「きっかけの検討」、すなわちアイデアレベルに時間を割くほうが、事例提供者へのよりよい贈り物になると判断したのです。

1 「手立て」〜アイデアを募る

　司会者は、参加者からアイデアを募る。

司会者　これからは、「手立て」を考えていきましょう。事例提出理由は、「利用者本人は自宅での生活を望んでいるが、入退院を繰り返している状況である。家族へのアプローチの仕方を含め、本人の望む生活の実現に向けた手立てを検討したい」に改まりました。入退院を繰り返さないようにするために、本人の望む自宅での生活を継続するために、Aさん本人へのアプローチだけではなく、妻、長女、二女へのアプローチの方法を含めて、アイデアを出していきましょう。思いつくままにどうぞ。

1　病院との連携について

参加者　入退院を繰り返すのを連携のチャンスだと捉え、病院との連携を深めたいですね。
司会者　どのように深めますか？
参加者　（事例提供者に向かって）入院を繰り返す病院は、プライマリーナーシングですか、それともチームナーシングですか、それとも別の看護方式？
提供者　どちらの病院もプライマリーナーシングだったと思います。

参加者 それなら、担当ナースを教えてもらい、情報交換をしたいですね。
司会者 具体的には、どのような情報交換をすればよいでしょうか？
参加者 田中さんは自分が把握している二女の様子や情報を伝え、担当ナースからは病院に面会に来ているときの様子を教えてもらったらどうでしょう。実際、ケアマネジャーである田中さんは、Ａさんと二女がいっしょにいる場面を目撃する機会はそれほど多くないと思います。入院中は毎日面会に来ているわけですから、Ａさんといっしょにいるときの様子など、小さな情報でもよいので教えてもらえば、二女にアプローチするきっかけを発見できるかもしれません。

参加者 リハビリの専門職に対してのガードは低いような気がします。デイサービスのリハビリ職とは話が合うようですし、家屋調査でも病院のリハビリ職に居室まで入らせています。特に呼吸リハビリテーションは、息苦しさを解消するためのリハビリです。「楽にしてくれる人」とＡさんはリハビリ職を評価しているのかもしれません。Ａさんやリハビリ職といっしょに呼吸リハビリテーションのプログラムを共有していくという方法は、これからの支援を組み立てていくうえで有効なのではないでしょうか。セルフマネジメントの必要性もリハビリ職からわかりやすく説明してもらいます。

参加者 聞く機会を逸している「生活歴」については、病院のソーシャルワーカーとの連携で糸口が見つかるかもしれません。コミュニケーションの困難さは、認知症ではなく難聴によるものだということですよね。ただ聴覚障害６級程度であれば、静かな環境で落ちついて話すことができれば、会話は可能ですよね。さらに聴覚障害が進行していたとしても筆談という選択もあります。病院というのは、自宅に比べてフォーマルな空間です。そんな場で、ソーシャルワーカーといっしょに生活歴を聞くという方法があるかもしれません。

参加者 ソーシャルワーカーには、在宅での様子や家族の状況などについて、こちらからもっと情報提供していきたいですね。病院側にあまり情報が伝わっていないような気がします。伝えようとしても病院の先生は流してしまう。ここは、腰を据えてソーシャルワーカーと情報共有をして、作戦を練るという手はどうでしょうか。妻のこと、長女のこと、二女のこと、そしてＡさんのこと……。入院を繰り返さないようにするための作戦をソーシャルワーカーといっしょに立てるのです。入院中は、その絶好のチャンスのような気がします。先生や病棟ナースとの情報共有の方法もソーシャルワーカーの知恵を借りる手はありますね。ソーシャルワーカーも医療職との連携の方法について悩んだ時代を過ごしてきたはずですから、言ってみれば戦友です。

参加者 医師との連携は、何をしてほしいかを具体的に告げるのがよいような気がします。私の経験ですが、医師は回りくどい言い方や抽象的な表現を好ま

ない傾向があります。たとえば、長女へのアプローチを医師にやってもらうという方法はどうでしょう。Aさんが体重のコントロールがどうしてもできないという状況を説明したうえで、家族のなかで意思決定権があるのが長女だということと、ケアマネジャーから直接長女に連絡することができないという事情を伝え、「先生のほうから長女にカンファレンスに出てもらうように連絡してもらえませんか?」とストレートに頼んでみるのです。医師にとって、患者の健康は大きな関心事です。それが電話一本で実現できるかもしれないのです。

司会者 先生から直接連絡がいくのは、インパクトがありますね。

参加者 もし断られても、電話した医師は、現状の困難さを共有してくれるはずです。

司会者 長女へのアプローチのアイデアが出ました。家族へのアプローチを考えていきましょう。

2 家族へのアプローチについて

参加者 やはり、長女を引っ張り出すことは重要だと思います。病院の先生が直接アプローチをしてくれれば近道かもしれませんが、それができない場合でも、ソーシャルワーカー、退院調整看護師、病棟の担当ナース、病棟の師長などの誰かと連携し、長女にはたらきかけることが必要だと思います。病院からのアプローチであれば、長女は動くかもしれません。

司会者 どんなはたらきかけを行いますか?

参加者 ストレートに、「お父さんの病状について話し合いたい」でよいと思います。まさか、「好きにしてください」とは言わないでしょう。

参加者 長女にアプローチする際には、なぜ長女に連絡をとりたいのかをAさんに話すのが筋だと思います。「二女さんにこれ以上負担をかけたくないので」と言ってみてはどうでしょうか? Aさんは二女に愛情を注いでいます。熱心にあきらめずに説明すれば、きっとわかってくれると思います。

参加者 とすると、二女にも断る必要があるような気がします。

　司会者は、ここで事例提供者に意見を聞いてみる。

司会者 田中さん。今までの話を聞いて何か思ったことはありますか?

提供者 長女へのはたらきかけは、やはり重要でしょうね。家計を管理し、さまざまな決定権を持っているのが長女ですし、彼女にアプローチできないのが、事例を膠着状態にしている大きな要因だと感じました。ただ、二女に事前に話すことは、二女に対する礼儀だと思いますが、前に話したように「姉に

連絡をするのはやめてください」と二女から言われたこともあり、どうでしょうか……。

司会者 長女は、「私に直接連絡させないで」と二女に言っているのでしょうか？

提供者 それはわかりません。ただ、「家のことはあなたがしなさい」と長女から言われているような気がします。

司会者 そのような気がするのですね。二女に確認は？

提供者 確かめたことはありません。私の思い過ごしでしょうか。

司会者 「私が生活費を稼ぐから、家のことはあなたがしなさい」と長女が言うのは、十分に考えられるとは思います。でも、「私に直接連絡させないで」とまで言われているのかどうかは、何とも言えないような気がします。いずれにしろ、「姉に連絡をするのはやめてください」と言われたのはケアマネジャーであって、病院の人ではありませんから、仕切り直しという意味でも、入院のときがチャンスでしょうね。

参加者 Aさんも二女も、長女に遠慮し過ぎているような気がします。

司会者 そうですね。でも、その気持ちは大切にしたいですね。それが家族の歴史であり、援助者である私たちは、そうした関係にデリケートになる必要があるのだと思います。

参加者 病院の人たちには、長女に直接アプローチしてもらい、Aさんや二女の気持ちをケアマネジャーがサポートするというのは、ケアマネジャーにとって、よい役どころかもしれません。たとえば、「病院の人が直接お姉さんに連絡したみたいだけど、大丈夫だったかしら」などと、二女に事後報告する方法も考えられますね。

参加者 私は、二女の力をもっと信じてもよいのではないかと思っています。精神的な不安定さはあるものの、Aさんが入院すると毎日面会に行き、病院からの説明を聞き、入退院の手続きをします。毎月の外来受診もAさんの送迎を欠かしたことはありません。Aさんの健康を維持するために、二女ができることを二女といっしょに探すという取り組みがあってもよいような気がします。

　おそらく二女は、長女や長男ほど「優等生」ではなかったのでしょう。だからこそ、父親は二女に愛情を注いだ。それは、今でも同じなのではないでしょうか。だって、二人でいるときには、笑顔になるというではありませんか。車だって買い与えたし……。二女といっしょに、父親の健康を守るという計画はいかがでしょうか？

提供者 素敵な計画ですね。

参加者 二女の精神状態について、専門的なサポートの必要性があるのかどうかの確認が必要だと思います。受診をしているかどうかは不明なのですよね。

一方で、Aさんは「気持ちの浮き沈みが激しい」と二女を評しています。適切な治療を受ければ、精神面の安定が得られるかもしれません。Aさんに相談するか、または、二女自身に一度受診をしてみることを勧めてみてもよいのではないでしょうか。

参加者　その件については、地域包括支援センターが相談に乗ってくれるかもしれませんね。地域包括内に相談できるスタッフがいなくても、県の保健センターなどにつないでくれる可能性があります。

参加者　地域包括支援センターとの連携は、妻へのアプローチにも有効だと思います。妻は高齢者であり、病弱であることを考えると、地域包括支援センターの支援対象になると思います。Aさんは、地域包括からの紹介ということでしたね。おそらく一度は妻にもアプローチしているのではないでしょうか？

提供者　はい、そのように聞いています。それで、「私は援助はいらない」と断られたそうです。

参加者　そのときから、何らかの病状が進んでいるかもしれません。Aさんに「奥さんの健康面のことで、奥さんと直接話がしたいのですが」と相談を持ちかけてもよいのではないでしょうか。Aさんは、「妻の側にいたいため入院はできない」とおっしゃっているのですよね。たとえ、Aさんが「妻のことは長女に任せている」と言ったとしても、自分のことより妻の健康のことを気にかけているAさんに、「奥さんのことが心配なんです」と大真面目に相談してみてはどうでしょうか。何回か断られても、粘り強く相談し続けることで突破できるかもしれません。妻といっしょに自宅で暮らし続けることが、Aさんの望む生活なのですから。

参加者　Aさん本人の力にも注目したいですね。

3　「本人の力」という手立て

参加者　「事例検討シート」の説明を受けたときに比べ、Aさんの力の大きさを感じています。ケアマネジャーの訪問を「離れ」に移動して待ち、難聴が進んでいるにもかかわらず一人で応対をしてくれます。自分の健康より妻の健康を心配するのは、他人を思いやるやさしさであり、夫婦の絆も感じます。長女の忙しさを気遣い、さらには、長女の顔を立てようとするのも家族を大切にする力です。二女に降り注ぐ愛情は並々ならぬものがありそうです。体重のコントロールができないのも二女の体調の異変が引き金になっていて、これは二女への愛情の裏返しのような気がします。数あるサービスのなかでも、呼吸リハビリテーションがあるデイサービスを選んでいるのも、もっと健康になりたいという前向きな意欲の表れと捉えることもできます。そんなAさんの気持ちを

もっと知りたいという思いが強くなりました。Ａさんと話す機会を増やすという手立てはどうでしょうか。話したいことは山のようにあるような気がします。

参加者　難聴であるＡさんが聞き取りやすく、語りやすい方法を考えたいですね。補聴器が有効なら、本気で長女に提案してはどうでしょうか。耳鼻科の先生に必要性を訴えてもらってもよいですね。購入費がネックになるのであれば、聴覚障害で身体障害者手帳の交付後に、障害者総合支援法の補装具費の支給を申請すれば、補聴器の購入費用の補助が受けられるはずです。

　さまざまな角度から「手立て」のアイデアが出された。これらのアイデアから事例提供者が実行したいもの、できそうなものを選び出し、事例検討会は「振り返り」で幕を閉じた。

　事例提供者は何を選択したのか、そして、参加者たちはどのような振り返りコメントを披露したのか。それは、読者であるあなたの感想に代えることにしたい。

事例検討シート1

事例提出者氏名	所属機関
	■居宅　□施設　□包括　□その他（　　　　　）

事例提供者の状況	介護支援専門員としての実務経験年数	介護支援専門員以外の保有資格	本事例の担当期間
	5年	介護福祉士	約2年6か月

[事例タイトル]
入退院を繰り返す利用者と閉鎖的な同居家族の支援を考える。

[事例提出理由]
利用者本人の無自覚および家族の体調の変化によって、健康管理がうまくいかない。本人は自宅での生活を望んでいるが、入退院を繰り返している状況である。閉鎖的な家族へのアプローチの仕方や、本人の望む生活の実現に向けた手立てを検討したい。

【利用者情報】

利用者の仮称：Aさん	性別（男）	年齢（77歳）	世帯状況：妻、長女、二女と同居
要介護認定	要介護1／区分変更申請を行い要支援2から変更		
障害高齢者の日常生活自立度	A2		
認知症高齢者の日常生活自立度	Ⅱa		

利用者の保険等の情報	医療保険：後期高齢者医療　　　　　年金等：国民年金、厚生年金 障害者手帳：内部障害1級（呼吸器）　その他：重度障害者医療費助成

生活歴	県内の山村に生まれ、高校卒業後、当市で造園業の仕事に就く。結婚後、2女1男が生まれる。40代から病気がちになるが、50歳で造園業を自営で始める。60歳で市の郊外に転居。70歳で自営業を廃業。妻、長女、二女と同居。	[家族状況] 77─74 ├─┬─┤ 49　47　46 長男は市外の施設に入所中

病歴	[既往歴] 甲状腺腫瘍・気管支喘息（40歳）、心筋梗塞・肝臓の腫瘍（65歳）、狭心症・COPDでHOT開始（73歳）、内痔核の手術（76歳）	[現病歴] COPD、心不全、気管支喘息、高カリウム血症

[ADL] おおむね自立、入浴時に介助が必要	[IADL] 多くの薬を服用中、一包化していれば服用可 金銭管理は少額であればできる 家事はしていない

[利用しているサービス]
通所介護：週2回
訪問看護：月1回

[利用者・家族の意向および援助の目標]
本人：このまま自宅での生活を続けたい。リハビリを続けて、入院を減らしたい。
家族：本人の望むように対応したい。
援助の目標：健康管理を行い、入院の回数を減らしていく。

資料：日本ケアマネジメント学会　認定ケアマネジャーの会様式　シートNo.3（一部改変）　転用禁止

事例検討シート2

提出者氏名（　　　　　　　　）

【インテーク】

年月日	○年　○月　○日	来談者	事例提供者（担当ケアマネジャー）	方法	自宅訪問

[支援を開始した経緯]
地域包括支援センターから紹介。
要支援から要介護への区分変更に伴い、地域包括支援センターから2年半前に紹介を受ける。

[主訴（相談内容）]
本人：このまま自宅で生活したい。入院するのはつらい。
家族の同席はなし。

【支援概要】

（一昨年）		
8月		地域包括支援センターから引き継ぎ。 胃の不快感から胃腸科クリニックで胃カメラ→異常なし。
10月		呼吸困難感が強くA病院に入院。
（昨年）		
1月		近隣のデイサービスまたはデイケアへの変更を提案、本人は拒否。 （呼吸器科のある病院併設のデイサービスは自宅から車で片道40分、二女が毎回送迎、そのため近隣への変更を勧めた）
4月		腰痛悪化とぎっくり腰で整形外科を受診、ペイン治療を開始。 二女の体調不良でデイサービスを休みがちになる。思い通りにリハビリや体のコントロールができず、再入院。
その後		心不全で入院、水分制限、浮腫、体重コントロールの指導を受けるもうまくいかず、入退院を繰り返している。 入院をすれば、体重コントロール（10kg程度減量）ができる。 退院すれば、体重コントロールができず入院を繰り返す。
11月		腰痛の再発、呼吸困難があるため、ベッドの導入を提案するが、本人が長女に相談して拒否される。
（今年）		
1月		不眠が続き、体調不良を訴える。しかし、妻の側にいたいため入院はできない。 両耳の難聴が悪化し、コミュニケーションがうまくできなくなる→補聴器およびサービスを提案するが、拒否。
2月（直近）		二女の体調不良で、デイサービスに通えない日が増えている。不眠が改善しない状態にイライラしている。 食欲旺盛、飲水飲酒が増える、体重が増加。

【追加情報】

・長女に接触できない。妻と二女には会えるが、挨拶程度でゆっくり話はできない。
・二女には何らかの精神疾患があるのではないかと思われる。

資料：日本ケアマネジメント学会　認定ケアマネジャーの会様式　シートNo.4（一部改変）　転用禁止

巻末資料

利用者の生活歴の背景にある「出来事」年表：1926(昭和元)年～2005(平成17)年の80年間

年	和暦/年		政治・経済・社会・出来事	文化・流行・世相
1926	昭和	元	大正天皇崩御、昭和と改元（12月25日）	モガ・モボ（モダンガール・モダンボーイ）、鉄筋コンクリート造を含む同潤会アパートの建設推進、社団法人日本放送協会発足
1927		2	金融恐慌始まる、最初の地下鉄開通（浅草―上野）	岩波文庫発刊、芥川龍之介自殺、保井コノが初の女性博士（理学）、新宿中村屋でカレーライス発売
1928		3	普通選挙（男子のみ）による総選挙、張作霖爆殺事件	オリンピック・アムステルダム大会で織田幹雄（三段跳び）・鶴田義行（平泳ぎ200m）が初の金メダル、ちゃぶ台普及（それまでは銘々膳）
1929		4	世界恐慌始まる（暗黒の木曜日）、飛行船ツェッペリン号飛来	ターミナルデパート阪急百貨店開店（大阪）、本『蟹工船』『放浪記』、映画『大学は出たけれど』、♪『東京行進曲』『モン巴里』
1930		5	ロンドン海軍軍縮会議、同軍縮条約調印、条約締結を推進した浜口雄幸首相狙撃され重傷	紙芝居に「黄金バット」登場、「エロ・グロ・ナンセンス」、映画『何が彼女をそうさせたか』『西部戦線異状なし』、♪『すみれの花咲く頃』
1931		6	満州事変勃発、陸軍のクーデター計画2度発覚、清水トンネル開通	ルー・ゲーリック来日、『のらくろ二等卒』連載、映画『マダムと女房』（本格トーキー）『モロッコ』『巴里の屋根の下』、♪『酒は涙か溜息か』
1932		7	満州国建国宣言、犬養首相射殺される（5・15事件）、日本橋白木屋でビル火災	男装の麗人・水の江滝子、「肉弾三勇士」を美談化、チャップリン来日、映画『天国に結ぶ恋』『三文オペラ』、♪『銀座の柳』『影を慕いて』
1933		8	国際連盟を脱退、ヒトラー内閣成立、昭和三陸地震、日本で2番目の地下鉄開通（大阪梅田―心斎橋）	小林多喜二逮捕・拷問死、ヨーヨーブーム、本『女の一生』、映画『丹下左膳』『パリ祭』、♪『東京音頭』『サーカスの歌』
1934		9	関東軍が溥儀を満州国皇帝に、室戸台風、東北大凶作で欠食児童や娘の身売り相次ぐ、丹那トンネル開通	国産パーマネント機械発売、ベーブ・ルース来日、映画『浮き草物語』『街の灯』、♪『赤城の子守歌』『ダイナ』
1935		10	美濃部達吉の天皇機関説が貴族院で問題化、築地・東京都中央卸売市場が開場	第1回芥川賞・直木賞、『怪傑黒頭巾』連載、「忠犬ハチ公」死ぬ、本『人生劇場』『蒼氓』、映画『雪之丞変化』『外人部隊』、♪『二人は若い』
1936		11	ロンドン軍縮会議から脱退を通告、2・26事件、日独防共協定成立	プロ野球リーグ始まる、阿部定事件、『怪人二十面相』連載、「前畑がんばれ」、♪『忘れちゃいやよ』『ああそれなのに』
1937		12	日中戦争開戦（盧溝橋事件）、南京占領	ヘレン・ケラー来日、千人針・慰問袋が盛んに、本『雪国』『若い人』『綴方教室』、映画『人情紙風船』、♪『別れのブルース』『裏町人生』
1938		13	国家総動員法公布、勤労奉仕が本格化、灯火管制、ドイツがオーストリア併合	岡田嘉子ソ連に亡命、木炭自動車、スフ（綿の代用品）、映画『路傍の石』『モダン・タイムス』、♪『雨のブルース』『支那の夜』
1939		14	第二次世界大戦始まる（ドイツがポーランドに侵攻）、ノモンハン事件、国民徴用令公布	69連勝の双葉山が敗退、「パーマネントはやめませう」「産めよ殖やせよ国のため」、日の丸弁当、国民服、♪『父よあなたは強かった』
1940		15	日独伊三国同盟調印、「隣組」が始まる、月給から税金の源泉徴収始まる、紀元2600年祝典	「ぜいたくは敵だ」「八紘一宇」、ダンスホール閉鎖、国民服、零戦を海軍が採用、本『夫婦善哉』、♪『湖畔の宿』『隣組』『蘇州夜曲』
1941		16	独ソ戦始まる、ゾルゲ事件、太平洋戦争始まる（真珠湾攻撃）、防空演習	「生きて虜囚の辱めを受けず（戦陣訓）」、国民学校発足、防空頭巾・もんぺ・ゲートルの非常時服浸透、本『智恵子抄』、♪『月月火水木金金』
1942		17	マニラ、シンガポールを占領、ミッドウェー海戦で大敗、味噌・醤油配給制、金属回収命令	「大本営発表」「軍神」「非国民」「欲しがりません勝つまでは」、食塩配給通帳、衣料切符、本『無常という事』、映画『ハワイ・マレー沖海戦』
1943		18	電力消費規制を強化、ガダルカナル島撤退、山本五十六戦死、学徒出陣、勤労挺身隊（25歳未満の未婚女子）、イタリアが無条件降伏	ジャズなど米英の音楽禁止、「敵性語」排除（ストライク→よし）、東京六大学連盟解散、上野動物園で猛獣毒殺、薪も配給制、女子は着物の長袖を切り元禄袖に、「撃ちてし止まむ」、映画『姿三四郎』
1944		19	インパール作戦、サイパン島守備隊玉砕、神風特攻隊、人間魚雷「回天」、学童集団疎開、対馬丸沈没、東南海地震	建物強制疎開で一家離散も、雑炊食堂（東京：デパート・喫茶店などを利用）、「鬼畜米英」「一億火の玉」、宝塚歌劇団最終公演、映画『陸軍』、♪『ラバウル小唄』『同期の桜』
1945		20	ドイツが無条件降伏、国民勤労動員令公布、本土空襲激化、広島・長崎に原爆、ソ連が日本に宣戦布告、日本が無条件降伏、GHQ設置	沖縄戦で集団自決、玉音放送、一億総懺悔、戦災孤児、浮浪児、「パンパン」、戦犯、黒塗り教科書、チャンバラ映画禁止、DDT、闇市、「タケノコ生活」、メチルアルコール中毒、♪『リンゴの歌』

年	和暦/年		政治・経済・社会・出来事	文化・流行・世相
1946	昭和	21	天皇の人間宣言、新円発行、東京裁判開廷、日本国憲法公布、第2次農地改革	「あ、そう」（天皇巡幸）、「ご名答」「カストリ」「オフ・リミット」、ラジオ『のど自慢』、映画『はたちの青春』『カサブランカ』、♫『東京の花売娘』
1947		22	日本国憲法施行、第1回参議院選挙、家制度廃止（改正民法）、ララ物資	6・3制始まる、ベビーブーム、闇米拒否の山口判事餓死、ラジオ『二十の扉』、本『斜陽』『青い山脈』、映画『荒野の決闘』、♫『星の流れに』
1948		23	ソ連が「ベルリン封鎖」、冷戦、帝銀事件、福井県で大地震	美空ひばりデビュー、太宰治入水自殺、「アプレゲール」『斜陽族』、映画『酔いどれ天使』『美女と野獣』、♫『東京ブギウギ』『異国の丘』
1949		24	1ドルを360円に設定、下山事件、三鷹事件、松川事件、ソ連からの引揚げ再開	湯川秀樹にノーベル賞、輪タク、本『きけわだつみのこえ』、ラジオ『私は誰でしょう』、映画『青い山脈』『戦火のかなた』、♫『悲しき口笛』
1950		25	朝鮮戦争勃発、特需景気、レッドパージ始まる、金閣寺炎上	年齢の呼び方が満年齢に、『チャタレイ夫人の恋人』押収、初のナイター、『貧乏人は麦を食え』、映画『自転車泥棒』、♫『夜來香』
1951		26	サンフランシスコ講和会議、対日平和条約・日米安全保障条約調印	「アジャパー」「老兵は死なず」、GIカット、パチンコ流行、黒澤明『羅生門』がグランプリ、ラジオ『第1回紅白歌合戦』、♫『雪山讃歌』
1952		27	血のメーデー事件、李承晩ライン設定、安保条約発効で「ヤンキー・ゴー・ホーム」の声高まる	NHKラジオ『君の名は』、白井義男が世界チャンピオン、ひばり全盛、春日八郎デビュー、♫『テネシーワルツ』『芸者ワルツ』
1953		28	バカヤロー解散、中国からの引揚げ再開	NHKがテレビ放送開始、街頭テレビが人気、「真知子巻き」「八頭身美人」、映画『ひめゆりの塔』『シェーン』『禁じられた遊び』
1954		29	第5福竜丸ビキニの米水爆実験で被爆、自衛隊発足、青函連絡船洞爺丸転覆	力道山人気、マリリン・モンロー来日、「むちゃくちゃでござりまするがな」、映画『ゴジラ』『二十四の瞳』『ローマの休日』、♫『お富さん』
1955		30	神武景気、宇高連絡船沈没、第1回原水爆禁止世界大会広島で開催、森永ヒ素ミルク事件	三種の神器（電気冷蔵庫・電気洗濯機・テレビ）、三人娘（チエミ・ひばり・いづみ）、テレビ『私の秘密』、映画『エデンの東』『旅情』
1956		31	日ソ国交回復に関する共同宣言調印、経済白書「もはや戦後ではない」、日本国連加盟承認	「慎太郎刈り」の「太陽族」、「一億総白痴化」、2DKの団地族、本『四十八歳の抵抗』、テレビ『お笑い三人組』、♫『若いお巡りさん』
1957		32	在日米地上部隊撤退発表、なべ底不況始まる	映画『幕末太陽伝』『喜びも悲しみも幾歳月』、♫『メケメケ』『チャンチキおけさ』『東京だよおっ母さん』『有楽町で逢いましょう』
1958		33	警察官の権限を拡大する警察官職務執行法改正案を国会提出、東京タワー完工式	売春防止法施行で赤線・青線消える、ロカビリー旋風、フラフープ大流行、ミッチーブーム、テレビ『私は貝になりたい』、♫『おーい中村君』
1959		34	「安保反対」デモ（翌年まで）、皇太子結婚、三池争議、伊勢湾台風、岩戸景気	「カミナリ族」が社会問題化、天覧試合で長嶋がサヨナラホームラン、テレビ『スター千一夜』『兼高かおる世界の旅』、♫『東京ナイトクラブ』
1960		35	新安保条約自然成立、浅沼社会党委員長刺殺、山谷暴動、朝日訴訟、国民所得倍増計画	ダッコちゃん大流行、テレビ『怪傑ハリマオ』『ララミー牧場』『サンセット77』、映画『太陽がいっぱい』、♫『アカシアの雨がやむとき』
1961		36	農業基本法公布（工業へ労働力転移）、高度経済成長、釜ケ崎で暴動、ソ連初の有人衛星	「地球は青かった」「巨人・大鵬・玉子焼き」、テレビ『夢であいましょう』『七人の刑事』『シャボン玉ホリデー』、♫『上を向いて歩こう』
1962		37	新産都建設促進法公布、キューバ危機、サリドマイド奇形児が社会問題に、YS-11初飛行	求人難で「青田買い」、ツイスト流行、『無責任男』、新三人娘（ゆかり、ミエ、まり）、テレビ『おそ松くん』、♫『いつでも夢を』『王将』
1963		38	ケネディ大統領暗殺、狭山事件、黒四ダム完成、三池炭鉱爆発、東海道線鶴見区二重衝突	力道山刺殺、「三ちゃん農業」『バカンス』、テレビ『鉄腕アトム』、映画『007は殺しの番号』、♫『こんにちは赤ちゃん』『高校三年生』
1964		39	トンキン湾事件、オリンピック東京大会開催、東海道新幹線開業、ダム反対の蜂の巣城落城	VAN・JUN、みゆき族、「ウルトラC」「おれについてこい」、テレビ『ひょっこりひょうたん島』、映画『愛と死を見つめて』、♫『アンコ椿は恋の花』
1965		40	北爆開始、ベ平連初デモ、文化大革命始まる、いざなぎ景気、吉展ちゃん誘拐殺人犯人逮捕	エレキ・ブーム、「シェー」が流行、テレビ『太閤記』『11PM』『青春とはなんだ』『ザ・ガードマン』、映画『サウンド・オブ・ミュージック』
1966		41	全日空機、カナダ太平洋航空機、BOAC機が連続事故、タンカー出光丸進水、「黒い霧」	ビートルズ来日、新三種の神器（カー・クーラー・カラーテレビ）、加山雄三ブーム、トッポ・ジージョ、テレビ『おはなはん』、♫『こまっちゃうナ』

年	和暦/年		政治・経済・社会・出来事	文化・流行・世相
1967	昭和	42	東京都知事に美濃部達吉当選、公害対策基本法公布、佐藤栄作首相が非核3原則を言明	ミニスカート大流行、ボウリングブーム、GSブーム、フーテン族・ヒッピー族、本『頭の体操』、テレビ『逃亡者』『スパイ大作戦』
1968		43	エンタープライズ佐世保入港、3億円強奪事件、小笠原返還、GNP世界2位、金嬉老事件	シンナー遊び、「サイケ」「アングラ」、本『どくとるマンボウ青春期』、テレビ『巨人の星』、映画『卒業』、♫『恋の季節』『山谷ブルース』
1969		44	東大紛争、東名高速道路全通、アポロ11号月面着陸、新宿西口広場で反戦集会	プロテスト・フォーク流行、チクロ使用禁止、「オー・モーレツ！」「ニャロメ」、テレビ『巨泉・前武ゲバゲバ90分』、映画『男はつらいよ』
1970		45	日本万博開催、よど号事件、沖縄コザ市で市民が米憲兵隊と衝突、三島由紀夫割腹自殺	三無主義、歩行者天国、光化学スモッグ、本『冠婚葬祭入門』『誰のために愛するか』、テレビ『時間ですよ』、映画『イージー・ライダー』
1971		46	成田空港強制代執行、ドルショック、大久保清逮捕、全日空機雫石衝突事故	多摩ニュータウン入居開始、「アンノン族」「脱サラ」、本『日本人とユダヤ人』『二十歳の原点』、♫『おふくろさん』『よこはま・たそがれ』
1972		47	沖縄返還、ニクソン訪中、日中国交樹立、冬季オリンピック札幌大会、横井元軍曹救出	日本列島改造論、浅間山荘事件をテレビ中継、テレビ『木枯らし紋次郎』、映画『ゴッドファーザー』、♫『喝采』『瀬戸の花嫁』『結婚しようよ』
1973		48	変動相場制移行、ベトナム和平協定調印、金大中事件、石油ショック、ウォーターゲート事件	トイレットペーパー買いだめ騒動、ガソリンスタンド休日閉鎖、「ちょっとだけよ」、本『日本沈没』、テレビ『刑事コロンボ』、映画『仁義なき戦い』
1974		49	東南アジアで反日デモ等、金脈問題で田中首相辞任、狂乱物価、小野田元少尉救出	「便乗値上げ」、長嶋茂雄引退、スプーン曲げ、「ベルばら」人気、「愛国」駅から「幸福」駅へ、映画『砂の器』、♫『襟裳岬』『あなた』
1975		50	不況深刻化、サイゴン陥落、山陽新幹線博多まで開通、沖縄海洋博	乱塾、「わたしつくる人ボク食べる人」が問題化、映画『青春の門』『ジョーズ』、♫『年下の男の子』『時代』『時の過ぎゆくままに』
1976		51	ロッキード事件で田中前首相逮捕、ポル・ポト大虐殺	「記憶にございません」、VHSとベータが出揃う、映画『愛のコリーダ』『タクシードライバー』、♫『およげたいやきくん』『あの日にかえりたい』
1977		52	領海12カイリ、漁業水域200カイリ、成田空港反対闘争最終攻防	王貞治本塁打世界記録、『電線音頭』が大ヒット、本『ルーツ』『間違いだらけのクルマ選び』、映画『八甲田山』『ロッキー』『人間の証明』
1978		53	成田空港開港、日中平和友好条約調印、米・中国交正常化	キャンディーズ解散、ピンクレディー大ブーム、タンクトップ流行、「ナンチャッテおじさん」「口裂け女」「嫌煙権」「窓際族」「空白の1日」
1979		54	第2次石油ショック、イラン革命、ソ連軍アフガニスタン侵攻	インベーダーゲーム流行、ウォークマン発売、「うさぎ小屋」、テレビ『3年B組金八先生』、映画『復讐するは我にあり』、♫『YOUNG MAN』
1980		55	大平首相急死、オリンピックモスクワ大会不参加、金属バッド両親撲殺事件	山口百恵引退、松田聖子デビュー、たのきんトリオ人気、「赤信号、みんなで…」「それなりに」、♫『ダンシング・オールナイト』『異邦人』『昴』
1981		56	ローマ法王来日、中国残留孤児来日、鈴木内閣の全閣僚が靖国神社参拝	蜂の一刺し、ノーパン喫茶急増、『キャプテン翼』が人気、本『窓ぎわのトットちゃん』『吉里吉里人』、テレビ『北の国から』、♫『ルビーの指環』
1982		57	ホテル・ニュージャパン火災、羽田沖で日航機墜落、東北新幹線が盛岡まで開業	ゲートボール人気、ひょうきん族ブーム、「逆噴射」「んちゃ」「積み木くずし」、映画『E.T.』『転校生』、♫『待つわ』『セーラー服と機関銃』
1983		58	中曽根首相が「日本列島不沈空母」発言、中国自動車道全通、大韓航空機サハリン沖で撃墜	戸塚ヨットスクール事件、フォーカス現象、東京ディズニーランド開園、「おしん」大ブーム、映画『家族ゲーム』『戦場のメリークリスマス』
1984		59	防衛費対GNP1%枠見直し検討着手、ロス疑惑、グリコ・森永事件	小錦旋風、カールルイス人気、チューハイ・ブーム「イッキ飲み」、「エリマキトカゲ」「くれない族」、映画『風の谷のナウシカ』『お葬式』
1985		60	つくば科学万博、日航ジャンボ機墜落、エイズ患者第1号発表（厚生省）	豊田商事会長刺殺、阪神日本一、ファミコンブーム、「投げたらアカン」「金妻」、♫『セーラー服を脱がさないで』『We Are The World』
1986		61	男女雇用機会均等法施行、チェルノブイリ原発事故、三原山大噴火で全島避難	「チャレンジャー」爆発、岡田有希子飛び降り自殺、「写ルンです」発売、「新人類」「亭主元気で…」、♫『時の流れに身をまかせ』
1987		62	防衛費対GNP1%枠撤廃、東京の地価高騰、国鉄分割民営化（JR発足）	「アサヒスーパードライ」発売、「ワンレン・ボディコン」「地上げ屋」「ペレストロイカ」、本『サラダ記念日』『ノルウェイの森』、映画『マルサの女』

年	和暦/年		政治・経済・社会・出来事	文化・流行・世相
1988	昭和	63	地価さらに高騰、リクルート事件発覚、青函トンネル開業、瀬戸大橋開通、天皇の容態悪化	東京ドーム開場、「スチュワーデス」が「CA」に、ミニ四駆ブーム、「自粛」「フリーター」「ブータロー」、本『ゲームの達人』『危険な話』
1989	平成	元	昭和天皇崩御、消費税3％実施、天安門事件、ベルリンの壁撤去、衆院で与野党逆転	美空ひばり死去、宮﨑勤が犯行を自供、テトリスがブーム、「一杯のかけそば」「3K労働」「おたく」「おやじギャル」「24時間戦えますか」
1990		2	地価高騰が全国に波及、イラクがクウェートに侵攻、子どもの権利条約発効、ドイツ統一	『ちびまる子ちゃん』大人気、大阪で「国際花と緑の博覧会」、「アッシー君」「みつぐ君」「タカビー」「ファジー」、♫『踊るポンポコリン』
1991		3	湾岸戦争、ワルシャワ条約機構解体、普賢岳で火砕流、ソ連解体、バブル崩壊	若・貴人気、F1人気、ジュリアナ東京開業、「僕は死にましぇん」「じゃ、あ〜りませんか」「損失補填」、テレビ『東京ラブストーリー』
1992		4	PKO協力法案強行採決、カンボジアPKO部隊の自衛隊出発、山形新幹線開業	きんさん・ぎんさん国民的アイドルに、尾崎豊死去、貴花田・宮沢りえ婚約、「セーラームーン」ヒット、もつ鍋ブーム、「冬彦さん」「ほめ殺し」
1993		5	自民党が野党に、皇太子ご成婚、ゼネコン汚職、北海道南西沖地震（奥尻島津波被害）	Jリーグ開幕＆ドーハの悲劇、逸見政孝がん公表、クレヨンしんちゃんブーム、本『マディソン郡の橋』『磯野家の謎』、♫『YAH YAH YAH』
1994		6	小選挙区比例代表導入法案可決、村山内閣発足、松本サリン事件	米不足、セナ激突死、「同情するなら金をくれ」「価格破壊」「引きこもり」「就職氷河期」、テレビ『料理の鉄人』、映画『シンドラーのリスト』
1995		7	阪神・淡路大震災、1ドル79円台、地下鉄サリン事件、麻原彰晃逮捕	テレビの震災報道やオウム報道に批判、イチロー5冠、Windows95発売、600万部超の『少年ジャンプ』が部数減へ、「ああ言えば上祐」
1996		8	菅直人厚相HIV感染問題で患者に謝罪、沖縄県民投票で日米地位協定見直し賛成票9割	デジカメ・携帯電話・PHS人気、羽生善治七冠王、O157食中毒拡大でカイワレ大根に疑惑、プリクラ流行、「援助交際」「アムラー」
1997		9	消費税5％に引き上げ、秋田新幹線開業、長野新幹線開業、北海道拓銀・山一証券破綻	不登校児童急増、「たまごっち」と「ポケモン」が大ヒット、プリウス発売、ダイアナ妃事故死、本『失楽園』、映画『もののけ姫』『タイタニック』
1998		10	冬季オリンピック長野大会、明石海峡大橋開通、北朝鮮がテポドン1号発射、NPO法施行	「和歌山毒物カレー事件」で林真須美容疑者逮捕、「キレる」「環境ホルモン」「貸し渋り」「ノーパンしゃぶしゃぶ」、本『老人力』『ループ』
1999		11	日の丸・君が代を国旗・国家とする法律可決、初の脳死臓器移植	宇多田ヒカルのアルバム『First Love』が800万枚超の大ヒット、モー娘人気、学級崩壊が問題化、本『五体不満足』、映画『鉄道員 ぽっぽや』
2000		12	介護保険制度スタート、児童虐待防止法成立、三宅島全島避難、雪印製品で集団食中毒	iモード契約数急増、高橋尚子がオリンピックシドニー大会で女子陸上初の金、「IT革命」「出会い系サイト」「パラサイト・シングル」
2001		13	中央省庁再編、情報公開法施行、DV法成立、米で同時多発テロ、BSEを国内で確認	ハンセン病訴訟で国に賠償金を命じる、「聖域なき構造改革」「抵抗勢力」「骨太の方針」、テレビ『プロジェクトX』、映画『千と千尋の神隠し』
2002		14	EUでユーロ流通開始、住基ネット稼働、ゆとり教育始まる、北朝鮮拉致被害者5人帰国	日韓ワールドカップ、東京都千代田区が歩きたばこ禁止条例、タマちゃん人気、「勝負服」「びみょー」、本『声に出して読みたい日本語』
2003		15	イラク戦争開戦、地上デジタル放送開始、米国産牛肉輸入停止	「コロンビア」空中分解、新三種の神器（DVD・薄型テレビ・デジカメ）、本『バカの壁』『世界の中心で、愛をさけぶ』、♫『世界に一つだけの花』
2004		16	鳥インフルエンザ発生、陸自・空自イラク派遣、裁判員制度法成立、新潟県中越地震	オレオレ詐欺多発、『冬のソナタ』高視聴率・韓流ブーム、東北楽天ゴールデンイーグルス誕生、「自己責任」「勝ち組・負け組」
2005		17	個人情報保護法施行、愛知万博、JR福知山線脱線事故、郵政解散、耐震偽装発覚	日本道路公団分割民営化、「小泉チルドレン」「刺客」「クールビズ」「ニート」「メイドカフェ」、映画『スター・ウォーズ エピソード3』

執筆者紹介

佐賀由彦(さが・よしひこ)　第1章〜第7章、巻末資料
ライター

神谷良子(かみたに・よしこ)　第3章
特定非営利活動法人神戸ライフ・ケアー協会理事長
介護福祉士・認定ケアマネジャー・主任介護支援専門員

菊澤薫(きくざわ・かおる)　第3章
社会福祉法人秀明会ケアプランセンターあす〜る吹田
歯科衛生士・認定ケアマネジャー・主任介護支援専門員

佐藤珠美(さとう・たまみ)　第5章、第6章
一般社団法人北海道ケアマネジメントサポートリンク
社会福祉士・認定ケアマネジャー・主任介護支援専門員

白木裕子(しらき・ひろこ)　第4章、編集
株式会社フジケア取締役社長
看護師・認定ケアマネジャー・主任介護支援専門員

日本ケアマネジメント学会認定ケアマネジャーの会　監修
『認定ケアマネジャー』の資格を取得し、登録された方々のスキルアップ活動を支援する組織です。
　当会では会員の認定ケアマネジャーの方に対し、より高度なケアマネジメント能力を身につけるための自己研鑽の場を用意し、介護支援専門員に対する実践的な支援および指導ができるような質の高い人材の育成を目指しています。

※認定ケアマネジャーとは
　日本ケアマネジメント学会が、ケアマネジャーの資質向上を図ることを目的に2004(平成16)年に創設した資格制度です。資格を取得するためには、以下のすべてを満たす必要があります。
・介護保険法の定める介護支援専門員であって、人格および見識を備えている方。
・日本ケアマネジメント学会会員にあっては、資格申請時において、2年以上の会員歴を有する方。
・日本ケアマネジメント学会非会員においては、居宅介護支援におけるケアマネジャーとして3年以上の実務経験を有する方。
・日本ケアマネジメント学会の施行する資格試験に合格された方。

援助力を高める事例検討会
新人から主任ケアマネまで

2018年12月10日　初　版　発　行
2019年12月25日　初版第2刷発行

監　修	一般社団法人日本ケアマネジメント学会認定ケアマネジャーの会
編　集	白木裕子
発行者	荘村明彦
発行所	中央法規出版株式会社
	〒110-0016
	東京都台東区台東3-29-1　中央法規ビル
	営　　業　TEL 03-3834-5817　FAX 03-3837-8037
	書店窓口　TEL 03-3834-5815　FAX 03-3837-8035
	編　　集　TEL 03-3834-5812　FAX 03-3837-8032
	https://www.chuohoki.co.jp/

装　幀	荒井雅美(トモエキコウ)
イラスト	須山奈津希
印刷・製本	長野印刷商工株式会社

ISBN978-4-8058-5814-1
定価はカバーに表示してあります。落丁本・乱丁本はお取り替えいたします。
本書のコピー、スキャン、デジタル化等の無断複製は、著作権法上での例外を除き禁じられています。また、本書を代行業者等の第三者に依頼してコピー、スキャン、デジタル化することは、たとえ個人や家庭内での利用であっても著作権法違反です。